사랑의 오류에 대한 철학적 안내서

Copyright © José A. Díez and Andrea Iacona, 2021
This translation of *A Short Philosophical Guide to the Fallacies of Love* (First Edition) is published by arrangement with Bloomsbury Publishing Plc.

사랑의 오류에 대한 철학적 안내서

2023년 1월 1일 초판 1쇄 펴냄

지은이 · 호세 A 디에즈, 안드레아 이아코나
옮긴이 · 이상원
펴낸곳 · 도서출판 일므디
편집 · 정주화
디자인 · 정호진
마케팅 · 황희진, 임찬양
전자우편 · llmeditbook@gmail.com

ISBN 979-11-92774-02-2 03120
값 15,000원

**이 책의 한국어판 출판권은 BC에이전시를 통한 저작권자와 독점 계약으로
도서출판 '일므디'에 있습니다.
저작권법에 의해 한국 내에서 보호를 받는 저작물이므로 무단 전재와 무단 복제를 금합니다**

Korean Translation Copyright © 2023 by Il me dit, an imprint of Catholic Publishing House.
Korean edition is arranged with Bloomsbury Publishing Plc. through BC Agency, Seoul.

사랑의 오류에 대한 철학적 안내서

*A Short Philosophical Guide
to the Fallacies of Love*

호세 A 디에즈, 안드레아 이아코나 지음 | 이상원 옮김

일므디

차례

서론 · 9
옮긴이의 말 · 11
머리말 · 13

기본 개념

사랑에 대해 말하려는 것 · 19
사랑의 근본적 속성 · 26
참과 거짓, 정당화와 앎 · 30
사랑의 여러 오류 · 33
성, 성별, 고정 관념 · 38
이 책이 다루지 않는 것 · 40

· 제2장 ·

이유 만들어 내기

합리화 · 45

너니까 오류(you-you fallacy) · 47

— '너 자체를 사랑해'

미덕 오류(virtue fallacy) · 52

— '네가 사려 깊은 사람이어서 사랑해'

여우 오류(fox fallacy) · 57

— '내 사랑을 받을 자격이 없어'

잃어버린 사랑의 오류(lost love fallacy) · 61

— '떠나간 후에야 사랑하기 시작했어'

최악의 설명 추론(inference to the worst explanation) · 64

— '전화가 안 오는 건 전화기를 잃어버렸기 때문이야'

── **차 례** ──

제3장

믿음을 넘어서는 욕망의 힘

사랑이라는 안경 · 71

증거 없는 믿음 · 73

믿음 없는 증거 · 78

사랑은 눈먼 상태 · 82

다이아몬드 오류 · 85

제4장

모든 것을 갖고자 하기

인지적 오류의 복합적 사례들 · 91

나눠진 사랑 · 93

공주 유형 · 98

돈 후안 유형 · 104

감정 테러리즘 유형 · 111

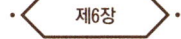

사랑이 떠나갈 때

사랑의 끝 · 125

매몰 비용 오류 · 129

달콤한 레몬 오류 · 132

관성과 불확실성 · 135

무정(無情) 상태 · 137

· 제6장 ·

자주 묻는 질문과 대답

질문과 대답 · 149

주석 · 162

서론

이 책은 2014년에 스페인어로 출판되고 2016년에 이탈리아어로 번역된 《사랑과 다른 속임수들*Amore e altri inganni*》의 영문판이다. 하지만 스페인어 원문을 대폭 수정하고 몇몇 구절은 새로 썼으며 전에는 없던 자료들도 추가하다 보니 이 책이 스페인어 책의 영어 번역인지 완전히 다른 책인지 판단하기 어려워졌다. 어느 쪽이든 본래 책을 더 낫게 만든 작업이었기를 바란다.

오랫동안 토론해 온 문제들을 담은 만큼 이 책에 담긴 생각을 도와주고 아이디어를 나눠 준 분들이 많다. 친구와 동료뿐만 아니라 익명의 심사자들, 몇 시간동안 우리 말을 들어 준 이들도 있다. 일일이 소개하지 못하는 상황을 양해해 주셨으면 한다.

초고를 읽고 검토해 준 달렌 루이스, 비크람 무키야, 조피야

즈볼렌스키에게 감사드린다. 영어판 출판 과정을 도와준 버나디노 사솔리에게도 감사드린다. 마지막으로 우리 프로젝트에 관심을 갖고 무수히 수정해 주고, 제언을 아끼지 않은 케빈 멀리건과 리처드 데이비스에게도 감사의 인사를 전한다. 이들에게서 영어, 문학, 그리고 철학에 관해 많은 것을 배울 수 있었다.

· ⟨ **옮긴이의 말** ⟩ ·

 이 책은 사랑이라는 흥미로운 주제를 다룬다. '아니, 이 얄팍한 책 한 권만 읽고 나면 사랑에 대해 알게 되는 거야?'라고 반기는 독자가 있을까 봐 미리 일러두면 아쉽게도 그렇지는 않다. 사랑은 너무도 광범위한 주제라서 이 책은 남녀간 불꽃 튀는 사랑의 시작, 전개, 종결 단계에서 당사자들에게 나타나는 사고의 오류를 소개하는 것으로 내용을 한정하고 있다.

 이러한 사고의 오류는 낯이 익을 것이다. '사랑의 콩깍지'가 덮였던 시간 동안 스스로 경험한 바이기도 하고 주변 사람들에게서 쉽게 관찰되는 현상이기도 하여 그렇다. 그러니 문제없이 공감하며 읽어 갈 수 있으리라 기대한다.

 감정에 사로잡혔을 때 이성적 사고가 제대로 작동하지 않는 것은 어쩌면 당연하나. 이성적 사고를 마비시킨다는 것 자체가 열정적 사랑이 가져오는 선물, 팍팍한 삶을 낭만적으로 만들어 주는 한바탕의 꿈일 수도 있다. 그럼 굳이 사고의 오류에 대해 읽고 생각해야 할 이유가 무엇일까? 저자들은 잘못된 사고에 빠져 있다가 현실과 당면했을 때 받게 될 충격과 피해를 경감시키기 위함이라 설명한다. 여기 덧붙여 자신의 사고방식에 대한 이해라는 측면도 있으리라 생각한다. 여러 오류 중에서 나는 주로 어떤 오류에 빠지는 존재인지 파악할 기회가 되는 것이다. (내가 어떤 존재인지는 우리 모두가 궁금해하는 문제가 아닌가!) 연인 관계를 넘어서 가족, 친구 등 여러 관계에서 나타날 수 있는 사고의 오류들인 만큼 떠올릴 경험은 충분할 것이다.

이 책의 책장을 넘기며 연인을 비롯한 다양한 인간관계에 대해, 자기 자신의 사고에 대해 이모저모 생각해 볼 수 있다면 좋겠다. 내가 그랬듯이 말이다.

시, 희곡, 노래 가사 등 이 책에는 다양한 인용 구절이 등장한다. 특히 스페인어가 원전인 경우가 많았는데 그 번역에 도움을 주신 성초림 선생님께 감사한다.

머리말

이 책은 절대로 진지하지 않았던 우리의 장난스러운 대화에서 출발했다. 십년 넘는 기간 동안 우리는 사랑이라는 환상에 대해, 우리 자신과 친구들의 성욕에 대해 자주 이야기를 나누었다. 처음에는 농담에 가까웠다. 하지만 이야기가 이어지면서 우리는 흥미로운 몇 가지 지점에 점점 동의하게 되었다. 우리 둘이 세상의 거의 모든 것에 동의하지 못하는 관계였음을 감안하면 충분히 놀라운 일이었다. 더 나아가 우리 생각이 이론적인 형태를 갖추면 좋겠다는 생각이 들었다. 그렇게 시작한 작업이 '사랑의 인식론'이다.

인식론은 지식의 본성과 한계를 다루는 철학의 한 분야다. 자기 믿음의 토대를 성찰할 때 인식론적 물음이 제기된다. 우리는 지구가 돈다는 걸 안다. 하지만 그걸 어떻게 아는 걸까? 지구가 돈다는 것은 정당화된 믿음이다. 히말라야에 설인 예티가 산다는 믿음과는 다르다. 하지만 어째서 그럴까? 믿음과 정당화, 그리고 지식이란 대체 무엇일까? 이는 늘 철학의 중심에 존재해 온 심오한 질문이다.

사랑은 우리가 지닌 가장 강력한 감정 중 하나다. 지속력이 길다고 하기는 어렵지만 말이다. 사랑의 힘은 너무도 널리 퍼져 있어 사랑 없는 세상을 상상하는 것은 거의 불가능하다. 편지 쓰기, 반지 사기, 굳이 필요하지도 않은 장거리 전화하기 등 우리가 하는 수많은 행동이 사랑 때문에 일어난다. '열정', '수수께끼', '아름다운 사람' 등 사람들이 사용하는 수많은 표현 역시 사랑에서 나온다. '사랑에 대한 믿음', 즉 우리 자신과 다른 이들의 사랑에 대한 믿음은 그리하여 무척이나 자연스러워 보인다.

사랑의 인식론은 사랑에 대한 믿음을 떠받치는 근거들을 성찰하는 것을 포함한다. 사랑에 대한 믿음도 다른 믿음과 동일하다. 일부는 근거가 있지만 나머지는 그렇지 않다. 우리 작업은 후자에 초점을 맞췄다. 사랑에 대한 믿음 가운데 많은 수는 거대한 발자국처럼 보이는 흔적이 눈 위에 찍혔다는 정도의 단서와 신뢰성에 기반한다는 면에서 예티의 존재에 대한 믿음과 비슷하다. 사랑에 빠진 이들은 근거 없는 믿음의 명백한 사례가 되곤 한다. 사랑은 틀린 인식, 틀린 개념, 틀린 이해의 무한한 원천이기 때문이다. 이 책의 목적은 근거 없는 사랑에 대한 믿음이 생성되고, 유지되며, 강화되는 특징적 형태 몇 가지를 밝히는 것, 그리고 사랑의 주된 오류들을 만드는 전형적 실수를 그려 보이는 데 있다.

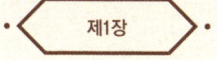

기본 개념

• • •

사랑이란 정의할 수 없는 것이다.

― 지아코모 카사노바

사랑에 대해 말하려는 것

'사랑'이라는 단어는 다양한 방식으로 사용될 수 있으나 우리가 논의하려는 것은 일부분뿐이다. 이 책은 낭만적 사랑, 푹 빠져 버리는 사랑을 다룬다. 낭만적 사랑은 사랑하는 이가 사랑받는 상대에게 갖는 태도로 친구, 가족, 기타 애착 관계와 구분되는 감정적·행동적 특성을 보인다. 따라서 '엄마, 사랑해.', '친구들아, 사랑해.', '나는 내가 가르치는 학생들을 사랑해.'와 같은 문장에서 사용되는 '사랑'은 고려하지 않는다. 고대 그리스어에는 사랑을 뜻하는 단어가 한 개인에 대한 열정적 욕망을 뜻하는 에로스와 가족이나 친구를 향한 다정한 감정과 존중을 뜻하는 필리아로 나뉘어 있었다. 즉 이 책은 필리아가 아닌 에로스를 다룬다.

더 나아가 우리가 말하는 낭만적 사랑은 결혼과 같은 절차를 거쳐 안정적으로 유지되는 이른바 '부부간 사랑'과도 다르다. 두 사람은 낭만적 사랑에 빠지지 않고도 부부로 서로를 사랑할 수 있다. 사랑이 식었기 때문이든, 본래부터 사랑이 없었기 때문이든 말이다. 반대로 안정적 관계를 형성하거나 부부 사이가 아니라 해도 낭만적 사랑을 할 수 있다. 부부간 사랑과 낭만적 사랑을 구분하지 않는 이들이 많고, 부부간 사랑이야말로 유일하게 진정한 사랑이라고 보는 견해도 많지만, 여기서는 사랑 가운데 낭만적 사랑만 이야기하려 한다.

앞서 사랑은 사랑하는 이가 사랑받는 상대에게 갖는 태도라고 하였다. 이건 과연 어떤 태도일까? 우리는 사랑이 경향적 상태라는, 다시 말해 사랑하는 이가 사랑받는 상대와 관련되어 일련의 경향을 보인다는 가설을 채택하겠다. '경향'이란 가능한 상황에서 나타날 수 있는 특성을 말한다. 예를 들어 '깨지기 쉬움'은 그런 특성 가운데 하나다. 유리는 강한 충격을 받으면 산산조각 나는 경향이 있다는 면에서 '깨지기 쉬운' 물질이다. '깨지기 쉬움'과 마찬가지로 사랑을 규정하는 특성들은 가능한 상황에서 사랑하는 사람이 느끼거나 행동하는 방식과 관련된다. 그렇다고 해서 사랑하는 사람이 독특한 감정이나 행동을 실제로 드러내야만 한다는 의미는 아니다. 충격을 받지 않아 멀쩡하다 해도 유리컵이 '깨지기 쉬운' 것처럼 사람은 특정 감정이나 행동 없이도 사랑할 수 있다.

   최소 세 가지 경향이 흔히 사랑과 연결되곤 한다. 첫째, 사랑하는 이는 사랑받는 상대와의 상호 작용으로 인해 신체적 반응을 보인다. 예를 들어 심장 박동이 빨라지고 체온이 상승하는 현상이 반복된다. 다음 시는 이러한 증상을 생생히 드러낸다.

  그는 내게 신과도 같다.
  네 맞은편에 앉아
  네 달콤한 말소리에 귀 기울이고
  부드럽게 미소 짓는 그 남자.
  갑자기 심장이 덜컥 내려앉는다.
  한순간 보았을 뿐인데
  나는 혀가 부러져
  말할 수 없고
  피부 아래 불길이 지나가고
  눈이 보이지 않는다.
  귀가 윙윙거리고
  식은땀이 흐르며
  온몸이 떨려 온다.

나는 지푸라기보다도 더 창백해져

금방이라도 죽어 버릴 것 같다.

— 사포, 《단편 *Fragment*》 31

다른 신체적 반응도 덧붙일 수 있다. 예를 들어 '뱃속이 거북한' 증세가 있다. 영화감독 피에르 파올로 파졸리니는 친구에게 보내는 편지에 "뱃속이 왜 이런지 모르겠어. 소화가 안 되는 건지, 또다시 사랑에 빠진 것인지."라고 썼다. 사랑에 동반되는 신체적 반응에 대해 더 이상 자세한 설명을 이어갈 필요는 없어 보인다. 현재 우리의 목적을 위해서는 그런 반응이 존재한다는 점, 반응 양상이 사람마다 다양하다는 점, 그리고 이들 반응은 신경 생리학적 수준에서 설명 가능하다[1]는 점 정도로 충분할 것이다.

둘째, 사랑하는 이는 사랑받는 상대와 친밀하고 반복적이며 장시간의 성적 접촉을 이어가는 경향이 있다. '반복적'이라 함은 사랑하는 이가 단 한 번의 성적 행위만 욕망하는 것이 아니라 무수히 여러 차례 욕망한다는 의미다. '장시간'이라 함은 사랑하는 주체가 각각의 성적 행위가 발생하는 상황을 연장하려 한다는 의미이며, 성적 행위 전후의 시간을 함께 보내고 직접적으로 성과 연결되지 않는 활동도 함께하고자 한다는 의미다. 영화를 보면 두 연인이 열정적으로 사랑을 나눈 다음 침대에서 농담 섞인 대화를 나누거나 즐겁게 아침 식사하는 장면이 자주 등장한다. 인물들은 이처럼 상호 작용을 길게 이어가려 하며 둘이 같이 보내는 시간은 순전히 함께 있고 싶은 욕구 때문이다.

셋째, 사랑하는 사람들은 비정상적이고 기이한 행동이나 생각을 하는 경향이 있다. 사랑에 빠지면 평소 절대로 하지 않을 '미친' 짓을 저지르곤 한다. 윌리엄 셰익스피어가 썼듯이 말이다.

> 사랑 때문에 하게 된
> 어리석은 짓이 하나도 기억나지 않는다면
> 사랑하지 않았던 것이다.
> — 셰익스피어, 《뜻대로 하세요 As You Like It》 2막 4장

물론 사람마다 무엇이 미친 짓인지는 다르다. 운전을 무서워해 한 번도 차를 몰아 본 적 없는 알렉스가 데이트 상대를 만나러 백 킬로미터를 운전해 달려갔다면 미친 짓이다. 반면 차를 좋아하고 신형 람보르기니 스포츠카를 보유한 키코에게 이건 전혀 미친 짓이 아니다. 어떻든 사랑이 비정상적이고 기이한 행동이나 생각을 하게 만든다는 점은 사실이다. 알렉스에게 미친 짓과 키코에게 미친 짓은 서로 다를 수 있으나 사랑 때문에 알

렉스는 알렉스 입장에서 미친 짓을, 키코는 키코 입장에서 미친 짓을 하게 되는 것이다.

개인 차이에 무관하게 알렉스와 키코 모두에게 쉽게 나타나는 전형적인 미친 짓도 있다. 사랑에 빠진 사람은 자신의 이익에 반하는 행동을 감수한다. 사랑에 빠지지 않은 사람이라면 하기 어려운 행동이다. 사랑받는 상대를 위해 기꺼이 해내는 행동이 있고 《라 트라비아타》의 비올레타가 알프레도를 위해 하는 희생처럼 말이다) 다른 상황이라면 절대 용납하지 못할 만큼 상처를 남기는 행동도 사랑받는 상대가 한다면 받아들인다. 더 중요한 것은 사랑에 빠진 사람이 비이성적 믿음에 자주 빠진다는 점이다. 우리 책은 이런 믿음에 초점을 맞추고자 한다. 다음 장들에서는 이러한 믿음을 만들어 내는 성향에 대해 상세하게 해부할 것이다.[2]

이제부터는 사랑이 앞서 살펴본 세 가지를 포함해 몇 가지 경향을 지닌다고 가정할 것이다. 이는 사랑을 정의하려는 것이 아니다. 우리는 사랑의 필요충분조건을 제시하려고 시도하지 않는다. 이들 경향을 보이지 않고 사랑하는 사람도 있고, 사랑을 하고 있지 않지만 이러한 경향을 모두 드러내는 사람도 있을 수 있다. 우리가 말하고 싶은 것은 이러한 경향이 사랑과 전형적으로 연결되어 있다는 점이다. 어쩌면 사랑받는 상대에게 유일한 존재가 되고 싶은, 그리하여 질투의 원인이 되는 욕망도 여기 포함시킬 수 있을 것이다. 사랑받는 상대와 시간을 보내고 그 삶의 경험을 공유하고 싶은 욕망도 마찬가지다. 하지만 현재 우리의 목적을 생각하면 모든 경향을 빠짐없이 규명하는 작업은 필요치 않다. 그러므로 다음부터는 이를 '사랑의 경향'이라고 뭉뚱그려 표현하려 한다. 구체적 특성이 아닌 전체로서 말이다.[3]

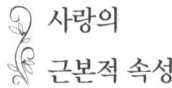
사랑의 근본적 속성

사랑의 속성 가운데 일부는 경향으로 표현되곤 한다.

첫째, 전통적으로 사랑은 열정으로 분류되어 왔다. 열정이란 능동적이라기보다는 빠져드는 상태를 말한다. 사랑은 의지와 무관하다. 누군가를 사랑한다면 그 사랑을 중단하기란 불가능하다. 마찬가지로 사랑하지 않는 사람을 사랑하기로 작정할 수도 없다. 사랑이 경향적 상태라는 우리 가설도 이와 일맥상통한다. 한 사람을 향하는 경향은 능동적으로 선택한 것이 아니고 따라서 이를 어찌해 볼 방법이 없다.[4]

둘째, 사랑은 특정 느낌으로 정의하기가 불가능하다. 흔히 열정에는 현상학적 요소가 포함된다고 여긴다. 그러나 열정을 그 요소로만 축약할 수는 없다. 사랑에 빠졌는지 아닌지 여부를 판단하는 기준은 당사자의 행동이다. 이는 당사자 자신의 경우에도 마찬가지다. 과거의 관계를 돌이켜 볼 때 과거의 감정을 회상하기보다는 과거의 자기 행동을 관찰하며 판단하는 것이다. 이 역시 사랑은 경향적 상태라는 가설과 통한다. 누군가에 대한 경향은 행동으로 드러난다. 특정 느낌이 동반될 수 있다 해도 말이다.

셋째. 다른 열정과 마찬가지로 사랑도 그 강도와 세기가 다양하다. 누군가를 사랑할 때 그 사랑은 어느 시점에 등장해 커지다가 이후 줄어들면서 마침내 사라진다. 특정 기간 전후의 사랑 정도가 0이라면 그 기간 동안의 사랑은 0과 그보다 높은 수준 사이 어딘가에 있게 된다. 더 나아가 서로 다른 사랑의 강도와 세기를 비교하며 판단하는 경우도 많다. 예를 들어 현재 연인을 과거 연인보다 더 사랑한다고 여기거나 그 반대로 생각할 수 있다. 사랑하는 관계를 다른 관계와 비교하기도 한다. 흔히들 사랑은 그저 좋아하는 것이나 단지 성적인 행위를 하는 것보다 더 강하고 세다고 믿는다. 이 역시 사랑은 경향적 상태라는 가설과 들어맞는다. 경향이라는 것은 정도의 차이를 포괄하는 개념이니 말이다.

넷째, 사랑은 비대칭적이다. 양쪽 모두 열렬히 사랑하는 행복한 경우도 있지만 아예 사랑받지 못하거나 동일한 강도로 사랑받지 못하는 상태에서 사랑하는 경우도 흔히 나타난다. 이것이 사랑의 비극이다. 비극은 피할 수 없는 고통과 충격을 안긴다. 사랑은 열정이기 때문에 사랑하되 사랑받지 못하는 사람은 고통스러운 운명에 처하게 된다. 짝사랑의 상처, 실망, 상심을 피할 방법은 없다. 사랑이 경향적 상태라는 가설은 여기에도 유효하다. 경향은 비대칭적인 것이다. 사람은 자신과 동일한 경향을 띠지 않거나 동일한 경향을 띠더라도 강도가 훨씬 낮은 상대에게 마음이 기울어지는 경향을 보일 수 있다.

사랑에 대해 지금까지 다룬 내용은 과거와 현재의 철학자들이 해 온 말과 조금 다를지 모른다. 철학에서는 사랑을 몇 가지로 정의해 왔다. 그중 하나에 따르면 사랑은 기본적으로 상대를 염려하는 것이다. 또 다른 정의에 따르면 사랑에 핵심적인 것은 연대감의 형성이다. 세 번째 정의에서는 사랑이 상대의 가치를 특징적인 방식으로 인식하고 반응하는 것이라 한다. 이 책에 제시되는 사랑의 특성 규명은 이들 철학적 논의와 최소 두 가지 측면에서 차이가 난다. 하나는 사랑에 대한 철학적 논의가 에로스와 필리아를 뭉뚱그리는 반면 우리는 그것을 구분한다는 점

이다. 필리아를 배제하는 경우 상대를 염려하는 것이 사랑이라는 정의는 거의 불가능해진다. 다른 하나는 철학적 사랑 논의가 명백하게 이상적 형태를, 그러니까 좋은 사랑이나 마땅히 그래야 할 사랑을 가정한다는 것이다. 아마도 이상적 사랑은 연대감을 만들어 주고, 좋은 사랑은 상대의 가치에 적절히 반응하도록 해 줄 것이다. 하지만 이 책은 좋은 사랑을 다루는 것이 아니라, 사랑을 다룬다. 할 수 있거나 그래야만 하는 사랑이 아닌 실제 그대로의 사랑 말이다.[5]

참과 거짓, 정당화와 앎

사랑의 경향이라는 것을 여기서는 당연하게 받아들이고자 한다. 다른 사람을 사랑할 때 드러내는 경향은 생물학이나 심리학 혹은 사회학의 실증적 데이터로 설명 가능한 인과성을 지닐 것이라 가정하겠다. 여기서는 이 사실에 대해 사람들이 어떻게 생각하는지에 초점을 맞춘다. 더 정확히 말하면 사랑하는 주체와 그 상대가 자신들에 대해 근거 없는 믿음을 얻게 되는 방식에 주의를 기울이고자 한다. '근거 없는'이라는 표현이 보여 주듯 우리는 어떤 생각이 옳고 어떤 생각이 옳지 않은지 구분하는 규범적 관점을 채택한다. 이 관점은 인식론의 기본 어휘들을 사용하여 설명할 수 있다.

일반적으로 사람들은 문장을 발화함으로써 믿음을 표현한다. 예를 들어 눈이 희다는 믿음은 '눈은 하얗다'라는 문장을 발화하여 표현된다. 문장을 발화하는 사람은 무엇이 어떠하다고 말하는 것이다. 실제로 그러하다면 그 문장은 '참'이 되고 실제로 그러하지 않다면 그 문장은 '거짓'이 된다. 한 사람이 문장을 발화해 p라고 말했다면 실제로 p여야만 그 문장이 참이 된다. 믿음은 그것을 발화하는 문장이 그렇듯 참일 수도 거짓일 수도 있다. p라는 믿음은 'p'라는 문장이 그렇듯 실제로 p여야만 참이다.

믿음이 '정당화'된다는 말은 그 믿음을 참이라 생각할 이유가 존재한다는 뜻이다. 정당화된 믿음은 신뢰 가능한 방법, 즉 거짓보다는 참을 끌어내는 방법을 통해 획득된다. 예를 들어 시각적 인식은 신뢰할 수 있다. 자신이 야자수를 보고 있다고 생각한다면 대개의 경우 그건 정말로 눈앞에 야자수가 서 있기 때문이다. 반면 꿈은 신뢰할 수 없다. 꿈속 야자수 이미지와 실제 야자수 사이에는 동일한 연관 관계가 존재하지 않기 때문이다.

참/거짓과 정당화는 서로 독립적이다. 믿음은 참이 아니더라도 정당화될 수 있다. 신뢰할 수 있는 방법을 사용했다 하더라도 항상 틀리지 않는 것은 아니다. 반대로 정당화되지 않은 믿음이 참일 수도 있다. 신뢰할 수 없는 방법이 우연히 참임을 제대로 드러내 준 경우에 그렇다. 우리의 관심은 참보다는 정당화에 있다. 사랑에 대한 믿음이 '근거 없다'고 할 때 이건 정당화되지 않았다는 뜻이다.

더 나아가 우리는 '정당화'라는 단어의 다른 사용법은 다 제외하고 오로지 믿음 측면에서의 정당화만을 고려할 것이다. 정당화라는 것이 행동이나 감정에도 적용될 수 있다는 주장은 충분히 합리적이지만 이는 고려하지 않기로 한다. 구체적으로 특정한 사람을 사랑하는 이유가 존재할 수 있는지 여부에 대한 질문도 다루지 않겠다. 우리는 사랑 자체의 정당화가 아닌 사랑에 대한 믿음을 정당화하는 데 관심을 둔다.[6]

한 주체의 믿음이 참이고 동시에 정당화되는 대부분의 경우에는 그 주체가 '앎'을 지녔다고 보는 것이 합당하다. 앎은 정의하기 어려운 개념이기에 여기서 정의하려고 시도하지는 않겠다. 앎의 본질에 대한 문제는 사랑을 다루지 않는 인식론의 몫으로 기꺼이 남겨 두겠다. 현재 우리의 목적 하에서는 앎에 대한 설명들이 최소 두 가지 점에서 합의를 이룬다는 점을 기억하는 것으로 충분하다. 첫째, 믿음은 참일 수도 거짓일 수도 있지만 앎은 참이다. p임을 안다면 p임은 참이다. 둘째, 믿음은 정당화될 수도 아닐 수도 있지만 앎은 정당화된다. p임을 안다면 p임을 믿는 것이 정당화된다. 다시 말해 앎에는 진실과 정당화가 필요하다. p임이 거짓이거나 p임을 믿는 것이 정당화되지 않는다면 p임을 알지 못한다는 뜻이 된다.

마지막으로 살펴보아야 할 것은 1차적 믿음과 2차적 믿음이다. 눈이 하얗다는 알렉스의 믿음은 1차적 믿음이고 알렉스가 눈이 하얗다고 믿는다는 키코의 믿음은 2차적 믿음이다. 2차적 믿음은 1차적 믿음과 달리 다른 사람의 믿음, 다른 사람의 정신 상태와 관련된다. 1차적 믿음과 2차적 믿음은 한 가지 중요한 점에서는 동일하다. 두 종류의 믿음 모두 참이거나 거짓일 수 있고, 정당화되거나 아닐 수 있다.

사랑의 여러 오류

2차적 믿음이 정당화되지 않을 수 있다는 사실은 우리 연구에 핵심적이다. 연인들은 자신들의 정신적 상태를 틀리게 알 수 있기 때문이다. 사랑은 인식론적으로 투명하지 않다. 사랑에 빠진 사람이 자기 상황을 늘 분명히 아는 것은 아니다. 사랑에 빠졌지만 분명한 감정적 행동적 유형이 아직 드러나지 않은 탓에 사랑에 빠졌다고 생각할 만한 증거가 없는 경우도 있다. 마찬가지로 사랑에 빠지지 않았다는 점을 늘 분명히 알 수 있는 것도 아니다. 자기 행동이나 감정을 사랑의 신호라 잘못 해석하기도 한다. 실은 존경심이나 강력한 성욕일 수 있는데 말이다.

물론 많은 사람들은 거꾸로 생각한다. '내가 널 얼마나 많이 사랑하는지는 나만 알 수 있어'라든지 '난 널 사랑하고 이건 확실한 일이야' 혹은 '네가 정말로 나를 사랑했다면 너도 알 거야'와 같은 1인칭 권위가 사랑을 정당화하는 주장에 흔히 동원된다. 자기 마음 상태를 자기만큼 잘 아는 사람은 없다는 생각은 참으로 널리 퍼져 있다. 하지만 이런 사고방식은 잘못된 것이라 말하고 싶다. 많은 경우 사람은 자신의 감정 상태를 많이 알고 있지만 자기 감정 상태를 다른 누구보다도 언제나 잘 안다는 것은 참이 아니다. 이는 사랑은 경향적 상태라는 가설에도 들어맞는다. 자신이 남들보다 자기 경향을 언제나 잘 아는 것은 아니다. 1장에서 언급했듯 제3자의 시선으로 파악한 자기 모습이 1인칭의 감정 평가보다 우월할 때가 자주 있다.[7]

이제 다음 장들에서 계속 발전시켜 나갈 생각으로 들어가 보자. 바로 '사랑에 대한 말은 기만적이다'라는 생각이다. 자기 사랑에 대해 말하는 사람은 정당화되지 않은 믿음을 확신하는 경향이 있다. 물론 이는 사람들이 자기 감정을 속인다는 사실에 일부 기인한다. 하지만 중요한 점, 우리가 강조하고 싶은 점은 사람들이 솔직한 상태에서도 잘못된 확신을 자주 하게 된다는 것이다. 일종의 자기기만에 빠진다고도 할 수 있다.

우리가 염두에 두는 상황을 한번 그려 보자. 두 사람이 사랑하는 사이이다. 한쪽이 사랑에 대한 믿음을 표현하는 문장 p를 발화하고 p임을 믿을 이유가 충분하다고 생각한다. 그러면 상대도 쉽게 p임을 믿게 된다. 하지만 실상 p임을 믿을 이유는 없다. 이런 상황은 사랑의 말이 기만적임을 분명히 드러낸다. 둘 중 한 명이 진심으로 p임을 말한다고 해서 상대가 p임을 믿는 것이 정당화되지는 않는다. 이어지는 장들에서 우리는 사람들이 말하는 것과 믿을 이유가 있는 것 사이의 격차 인식 실패가 사랑의 여러 오류, 즉 정당화되지 못한 믿음의 근본 원인임을 보이려 한다.[8]

정당화되지 않은 사랑의 믿음을 인식하는 일이 왜 중요한지는 분명하다. 정당화는 우리를 참으로 인도한다. 믿음이 정당화된다면 참일 가능성이 크다. 믿음에 기빈해 행동이 나오기 때문에 거짓보다는 참인 믿음을 갖는 편이 좋다. 예를 들어 알렉스가 봉급이 인상될 거라고 믿을 이유가 없다면 믿지 않는 편이 낫다. 섣불리 믿었다가는 새 차를 주문했다가 지불할 돈이 없는 아픈 현실과 마주칠 수 있다. 사랑에 대한 믿음 또한 마찬가지다. 알렉스는 키코를 연모하는데 키코는 오랜 시간을 함께 보냈어도 그에게 전혀 매력을 느끼지 못하는 경우를 보자. 알렉스는 키코가 오랜 연인인 쥘과 헤어지고 결국 자신에게 관심을 보일 거라고 믿을 수도 있다. 그러나 이를 믿을 이유가 없다면 믿지 않는 편이 낫다. 믿었다가는 무익한 기대로 괜한 시간과 에너지만 쓰게 될 것이다.

일부 독자들은 사랑이라는 수수께끼의 영역에서 정당화의 중요성을 운운하는 것이 적절하지 않다고 반발하고 싶을지 모르겠다. 정당화는 이해를 요구하지만 사랑은 이해될 수 없는 대상이라고, 사랑에 빠지면 자신을 놓아 버리고 비판적 사고도 포기한다고 말할지도 모르겠다. 이성의 부재야말로 사랑을 짜릿하게 만들어 준다고, 정당화되지 않은 믿음은 따라서 사랑이라는 마법의 일부라고, 사랑이 우리를 즐겁게 해 준다면 거부할 이유가 없지 않느냐고 말이다. 그러니까 위의 사례에서 키코가 쥘과 헤어지리라는 믿음이 정당화되지 않아도 아무 상관 없다는 것이다. 중요한 것은 알렉스가 어떻게 느끼느냐 뿐이다. 키코가 쥘과 헤어지리라는 믿음이 기분을 좋게 한다면 그렇게 믿는 것이 좋다는 식이다.

이런 반발은 전형적인 사고방식을 보여 주는 것이긴 해도 설득력이 없다. 첫째, 무엇이 나은지 알지 못한 채 기분 좋은 쪽이 기분은 좋지 않아도 상황을 제대로 아는 쪽보다 더 나은지는 불명확하다. 결국 키코가 줼과 헤어질 생각이 없다면 알렉스도 이걸 아는 게 낫지 않겠는가? 둘째, 더 중요하게는 정당화되지 않은 사랑에 대한 믿음이 아픔과 슬픔, 불안을 야기한다는 점이 있다. 키코가 줼과 헤어질 생각이 없다면 조만간 알렉스도 이를 알게 될 것이고 이는 지금 느끼는 기분 좋음보다 훨씬 큰 슬픔을 낳을 것이다.

될 대로 되라고 두는 게 나쁘다고 말하려는 것은 아니다. 음주, 도박, 안전 장비 없는 암벽 등반에 반대하지도 않는다. 실패 가능성을 충분히 인식하기만 한다면 위험 부담을 감수하는 데는 아무 문제도 없다. 알렉스의 경우와 관련해 우리가 말하고 싶은 것은 키코를 만나지 말라는 것도, 줼과 헤어지기를 바라지 말라는 것도 아니다. 핵심은 키코가 줼과 헤어질 것이라는 정당화되지 않는 믿음을 바탕으로 환상에 빠지지 말아야 한다는 것이다. 이는 결국 알렉스에게 해롭기 때문이다.

정당화되지 않은 사랑에 대한 믿음이 늘 틀렸다거나 그런 믿음은 늘 거부해야 한다고 말하려는 것도 아니다. 정당화되지 않은 사랑에 대한 믿음이 큰 상실을 낳지 않고 오히려 장기적으로 유익하게 작용할 가능성도 있다. 하지만 일반적으로는 정당화되지 않은 사랑에 대한 믿음이 부정적인 결과를 가져온다.

성, 성별, 고정 관념

이어지는 장들에서 사랑의 오류를 보이기 위해 우리가 사용할 사례는 실제 인물, 문학 속 인물, 그리고 상상 속 인물인 알렉스, 키코, 쥘이다. 사례 중 일부는 고정 관념을 바탕으로 만들어졌다. 고정 관념은 전통적으로 사랑과 연결되어 온 전형적인 상황을 보여 주기 때문이다. 또한 문화적 전통에 존재하는 사랑의 클리셰를 구체적으로 검토하려 한다. 고정 관념은 실제 사랑 관계의 다양성과 복잡성을 충분히 반영하지 못하면서 틀린 이해와 틀린 해석을 낳을 수 있으므로 설명이 필요하다.

사례들과 관련해 미리 밝혀 두어야 할 한 가지는 사랑의 오류들이 성별에 따라 달리 나타난다고 주장할 의도가 전혀 없다는 점이다. '그'나 '그녀'가 등장하는 곳 어디서든 성별은 얼마든지 바꿀 수 있다. 물론 특정 실수를 저지르는 정도에 있어서는 성별 차이가 존재할지 모른다. 최소한 그럴 가능성을 배제할 이유는 없다. 하지만 그 상관관계에 집중할 의도는 전혀 없다. 우리의 목표는 특징적인 실수를 규명하고 묘사하는 데 있으므로 누가 그 실수를 저지르는가 보다는 실수 자체에 관심을 둔다.

분명히 해 두어야 할 또 다른 점은 사례에 성별이 두 개 등장한다 해서 우리가 이성애 관계를 당연시하지는 않는다는 점이다. 사례들은 전통적으로 남성과 여성에게 부여된 역할을 포함하지만 그렇다고 꼭 남자와 여자를 뜻하지는 않는다. 알렉스, 키코, 쥘은 남성일 수도, 여성일 수도 있다. 이 때문에 일부러 중성적인 이름을 택했다. 우리에게 성별 차이는 전통적으로 생각하는 것만큼 중요하지 않다. 사랑의 관계가 이성 간에 존재하는 것이라는 생각 자체가 고정 관념일 수 있다. 두 남성 혹은 두 여성 사이에서 동일한 사례를 얼마든지 상상할 수 있다. 앞으로 우리가 설명할 사랑의 오류들은 이성애와 동성애 사이에 차이를 두지 않는다.

우리의 사례가 때로 고정 관념을 바탕으로 삼는 이유는 최소한 다음 세 가지이다. 첫째, 고정 관념은 모든 사람에게 친숙하고, 그리하여 상세한 설명 없이도 상황을 쉽게 떠올리게 한다는 장점이 있다. 둘째, 고정 관념은 면밀히 살펴볼 가치가 있는 사례를 광범위하게 포함하므로 사랑의 인식론적 분석에서 반드시 다뤄져야 한다. 인식론적 분석이 제대로 되었다면 고정 관념 사레에도 마땅히 잘 들어맞아야 할 것이다. 셋째, 고정 관념의 활용은 고정 관념 자체의 인식에 대해 흥미로운 시사점을 줄 수 있다. 고정 관념 상황을 특징짓는 인지적 실수를 밝혀내 우리의 이해력을 높여 주는 것이다. 특정 상황에서 무엇이 잘못되었는지가 더 분명해진다.[9]

이 책이 다루지 않는 것

지금까지 이 책이 무엇을 다룰 것인지 설명하기 위해 분명히 해 두어야 할 몇 가지 점을 짚어 보았다. 아울러 이 책이 무엇을 다루지 않는지도 함께 밝혀 두겠다. 첫째, 이 책은 사랑에 찬사를 보내지 않는다. 그 깊이, 아름다움, 윤리적 존재적 의미를 다루지 않을 것이다. 이건 시인, 작가, 가수들이 이미 충분히 해 온 일이다. 더 나아가 앞에서 설명했듯 우리는 사랑의 이상적 모습을 제시하지 않는다. 우리는 사랑의 경향이 존재한다는 것을 당연하게 받아들이고 그 바탕 위에서 인지적 실수를 다루고자 한다. 사랑이 나쁘다는 것도, 사랑하지 말아야 한다는 것도 아니다. 사랑에는 수많은 자질이 있지만 우리는 이에 대해서는 다루지 않을 것이다.

둘째, 이 책이 유용한 실용적 결과를 가져올 것인지의 여부에 우리는 확실한 답을 내릴 수 없다. 우리 목적은 실용보다는 이론에 있다. 이 책은 사람들이 사랑에 빠졌을 때 저지르는 인지적 실수에 대해 더 알고 싶어 하는 이들을 위한 것이다. 그런 실수를 예방할 수 있다고 해도 그 면에서 우리 작업이 얼마나 유용한지는 제한적이다. 인지적 실수에 대해 안다고 해서 그 실수를 막을 수 있다고는 하기 어렵다. 당신이 사랑에 빠져서 정당화되지 않는 믿음을 가진 경우 이 책이 그 믿음을 버리게 만들 가능성은 별로 없다. 실수를 중단하게 되는 이유는 대개의 경우 인식론적 성찰 때문이 아니라 그 실수가 낳은 부정적인 결과 때문이다.

셋째, 이 책에서는 사랑의 진화를 사회적 인류학적 현상으로, 혹은 문화적 지리적 다양성 측면으로 설명하지 않는다. 사랑과 관련된 행동과 사고는 시간과 문화에 따라 퍽 다양하다. 고대 로마의 연인들이 행동하던 방식은 오늘날 로마의 연인들과 다르고 현재 중국 연인들의 행동 방식은 현재 뉴질랜드 연인들과 다를 것이다. 하지만 그런 차이는 인식본 수준에서 중대한 변화를 포함하고 있지는 않다. 물론 정밀한 연구를 통해 서로 다른 역사적 시기나 서로 다른 나라에서 연인들이 서로 다른 인지적 실수를 저지른다는 점이 밝혀질 가능성은 분명 존재한다. 하지만 인간이라는 존재의 자기기만이나 비이성적 측면은 대동소이할 것으로 보인다. 여러 시대와 문화의 문학 작품에 그려진 사랑의 모습이 공통적이라는 점은 인지적 특성이 공유된다고 추측할 최소한의 근거가 된다.[10]

이유 만들어 내기

...

마음은 새로운 발견으로 조정된 사실들을 질서 지으려 한다.
일반적인 개념을 만들어 가는 것이다.
이로써 현상은 놀라운 것이 아닌, 충분히 가능한,
더 나아가 필요한 결과가 된다.

— 찰스 S. 퍼스, 《논리의 특정 주제에 대한 강의 *A Syllabus of Specific Topics of Logic*》

합리화

누구든 이성적이기를 원한다. 행동하거나 감정을 느낄 때 그 행동과 감정이 이성적 동기로 설명되기를 바라는 것이다. 이런 설명은 자기 이해의 욕구를 만족시키고 자기 행동과 감정을 남에게 정당화하는 데 사용될 수 있다. 하지만 설명을 찾고자 하는 이 자연스러운 경향이 자칫 왜곡과 오해를 낳을 수 있다. 행동과 감정의 진짜 동기는 당사자가 생각하는 것과 다른 경우가 아주 많기 때문이다.

심리학에서 '합리화'란 주체가 진짜 이유를 인식하지 못하는 (혹은 인식하고 싶지 않은) 행동이나 감정을 일관되게 설명하려는 정신적 과정을 말하는 개념이다. 심리 분석 어휘 사전에서는 무의식에 실제 원인이 있는 행동이나 감정을 정당화하려는 '방어' 매커니즘이라고 설명한다. 하지만 우리는 심리 분석 이론이나 가설에 의존하지 않고[1] 보다 일반적인 첫 번째 의미로 합리화에 대해 말하려 한다. '여우와 신 포도'라는 이솝 우화는 합리화의 좋은 사례이다.

> 굶주린 여우가 넝쿨 높이 달린 포도를 앞발로 따려 했지만 도저히 닿지 않았다. 자리를 떠나면서 여우는 "아직 안 익었군! 난 신 포도는 싫어."라고 말했다.[2]

여우는 포도를 딸 수 없어 좌절감을 느끼지만 실패를 인정하고 싶지 않아 자기 행동에 다른 설명을 붙인다. 덜 익어서 신맛 나는 포도는 먹고 싶지 않다는 설명이다. 이 설명으로 여우는 기분이 좋아졌을 것이다.

이 우화는 두 가지로 해석 가능하다. 여우가 포도가 시다고 말한 것은 정말로 그렇게 믿었기 때문일 수도 있고, 믿지 않지만 자기 실패를 감추거나 잊으려 했기 때문일 수도 있다. 여기서 우리는 첫 번째 해석을 선택하겠다. 첫 번째가 두 번째보다 더 개연성이 높아서가 아니다. 그저 두 번째 해석은 우리 목적과 맞지 않기 때문이다. 1장에서 말했듯 우리는 거짓말에는 관심이 없다. 우리가 논의하는 합리화는 사람들이 자기 말을 정말로 믿는 경우에 한정된다.

합리화의 심리적 메커니즘은 정당화되지 않는 사랑에 대한 믿음이 만들어지는 데 핵심적인 역할을 한다. 대부분의 경우 정당화되지 않는 사랑에 대한 믿음은 사랑하는 주체 혹은 사랑받는 상대가 하는 행동이나 경험하는 감정을 설명할 필요에서 비롯된다. 이 장에서 우리는 사랑에 대한 믿음을 합리화하는 일반적 오류 몇 가지를 제시하고자 한다.

너니까 오류(you-you fallacy)
— '너 자체를 사랑해'

첫 번째로 다룰 것은 '너니까 오류'이다. 자기 사랑의 이유를 상대의 내재적 가치로 설명하지만 정작 그 가치가 상대의 실제 자질로 환원되지 않을 때 일어나는 오류이다. 상대가 지금과 다른 외적 특징을 가졌다면 사랑이 약했거나 아예 존재하지 않았으리라는 것을 깨닫지 못하는 것이다. 다시 말해 상대에 대한 자기 사랑이 상대가 지닌 특징들 때문이 아니라고 믿어 버린다. 그렇게 믿을 근거가 없음에도 말이다. 다음 대화는 이런 실수를 잘 드러낸다.

키코: 내가 너와 함께 있고 싶어 하는 걸 모르겠어? 난 널 사랑해. 다른 건 하나도 중요하지 않아. 네가 사진작가인 것도, 잘생긴 데다가 옷을 잘 입는 것도, 멋진 펜트하우스에 사는 것도 상관하지 않아. 난 네가 어떤 모습이든 널 사랑했을 거야.

알렉스: 정말?

키코: 그렇다니까. 내 말을 믿어 줘. 네가 하는 일이나 네가 가진 것 때문이 아니라 너라는 사람이기 때문에 널 사랑해.

알렉스: 왜 하필 나야? 내가 어떤 사람이어서?

키코: 남한테는 없는 뭔가가 너한테는 있어.

알렉스: 그렇구나. 알겠어.

실제로 알렉스는 알아듣지 못했다. 흥미로운 직업에 종사하고 괜찮은 외모에 옷도 잘 입으며 멋진 집에 살고 있다면 그 모든 것이 중요하지 않을 확률은 극히 낮다. 키코가 거짓말을 한다는 말은 아니다. 아마 정말로 키코는 자신이 있는 그대로의 알렉스를 사랑한다고 생각할 것이다. 하지만 그렇다고 참을 말한다는 뜻은 아니다. 알렉스가 곱씹어 보아야 할 문제는 이렇다. 그가 사진작가가 아니라 비둘기 모이를 파는 행상이었다면 키코가 사랑에 빠졌을까? 샌들에 양말을 신는 사람이거나 지금

보다 30킬로그램 더 나가는 뚱보였더라도 키코가 매력을 느꼈을까? 허름한 지하방에 살거나 집 안에 냄새 풍기는 동물이 가득했다 해도 키코는 괜찮았을까? 아니라는 대답이 나온다면 알렉스가 하는 일이나 가진 것이 중요하게 작용하는 것이다. 더 나아가 설사 위에 언급된 특징들이 키코에게 전혀 중요하지 않다 해도 다른 특징이 중요했을 가능성을 배제할 수 없다.

너니까 오류는 정당화되지 않는 사랑에 대한 믿음을 낳고 이는 파괴적인 영향을 미칠 수 있다. 자신이 받는 사랑이 자기 특징과 무관하다고 믿는다면 그 사랑을 당연시하고 특징이 변해도 괜찮다고 여길 것이다. 하지만 이런 식으로 생각하고 행동하다가는 자칫 상대의 사랑 경향에 원치 않는 변화를 부를 수 있다. 알렉스와 키코가 얼마 동안 함께 살다가 심각한 문제에 봉착했다고 하자. 알렉스가 밤마다 친구들을 불러 집에서 스포츠 중계를 보거나 비디오 게임을 즐기게 된 것이다. 다음 상황을 보자.

키코: 더 이상 참아 줄 수가 없어! 우린 끝이야!
알렉스: 왜 그래? 뭐가 문제인지 얘기를 좀 해 보라고.
키코: 뭔가 변했어. 당신은 더 이상……
알렉스: 내가 뭐?

키코: 당신은 내가 사랑했던 그 사람이 아냐.

알렉스: 대체 무슨 소리야?

키코: 당신은…… 더 이상 당신이 아니라고.

알렉스: 무슨 소린지 모르겠군.

이 대화는 너니까 오류가 전형적으로 유발하는 오해를 보여 준다. 우선 알렉스의 마음속을 들여다보자. 알렉스는 키코가 자신의 특징이 아닌 자신 자체를 사랑한다고 믿기 때문에 어째서 키코의 태도가 바뀌었는지 이해하지 못한다. 과거에 키코가 보여 주었던 감정은 현재의 알렉스가 친구들과 스포츠 중계를 보고 비디오 게임을 즐긴다 해도 바뀌어서는 안 된다. 알렉스는 여전히 알렉스 자신이니 말이다. 있는 그대로의 자신을 사랑한다면 계속 사랑해 줘야 마땅하지 않은가? 게다가 내가 더 이상 내가 아니라니 이건 대체 무슨 말일까?

다음으로 키코의 마음을 보자. 키코는 알렉스가 하는 일이나 가진 것과 무관히 인간으로서 사랑한다고 믿었으므로 이제 와서 마음 바뀐 이유를 설명하기 힘들다. 알렉스과 전과 똑같은 사람이라면 계속 사랑해야 마땅하다. 그리하여 키코는 알렉스가 더 이상 알렉스가 아니라는 명백한 오류에 도달한 것이다. 물론 알렉스는 여전히 알렉스, 키코가 사랑했던 바로 그 사람이다. 다만 그의 특징 중 일부가 변했거나 키코가 생각하지 못했던 다른 특징이 드러났거나 했을 뿐이다.

이런 종류의 오해를 피할 유일한 방법은 사랑하는 대상의 외적 특징이 실제로는 중요하다는 점을 인정하는 것이다. 윌리엄 버틀러 예이츠는 다음 시를 쓸 때 이 사실을 분명히 인식했던 듯하다.

> 신심 깊은 어느 노인이
> 간밤에 말하더군.
> 네 금발 때문이 아니라
> 너라는 존재 자체로 너를 사랑할 수 있는 건
> 오로지 신뿐이라고
> 알려 주는 구절을 찾았다고 말이야.
> — 예이츠, 〈앤 그레고리에게 *For Anne Gregory*〉

누군가를 사랑할 때 그 사랑의 경향과 인과적으로 연결되어 사랑을 설명해 주는 상대방의 특징들이 존재한다. 하지만 대부분의 경우 어떤 특징이 사랑을 일으켰는지 분명히 알지 못하고 그 특징의 변화가 상대에 대한 태도를 바꿔 버릴 수 있다는 점을 이해하지 못하는 게 문제이다.

미덕 오류(virtue fallacy)
— '네가 사려 깊은 사람이어서 사랑해'

우리가 살펴볼 두 번째 오류인 미덕 오류는 사랑하는 상대의 특징을 명확히 알지 못한다는 데서 기인한다는 점에서 첫 번째 오류와 동일하다. 다만 상대의 가치 있는 특징을 부각시켜 자기 사랑을 설명하려 시도한다는 점에서 차이가 있다. 문제는 설명에 동원된 특징이 정말로 자기 사랑과 인과적으로 관련된다고 볼 이유가 없다는 것이다. 다음 대화를 보자.

알렉스: 내가 네 무엇을 좋아하는지 알아? 넌 예민하고 사려 깊은 사람이야. 이해심이 많지. 특히 아이들과 함께 있을 때 뭘 어떻게 해야 할지 잘 알더군.
키코: 맞아, 난 아이들을 좋아해.
알렉스: 또 강하고 독립적이야. 자기가 뭘 원하는지 알아.
키코: 그래. 난 그런 사람이야.
알렉스: 네가 그런 사람이어서 널 사랑해. 다른 사람이었다면 사랑할 수 없었을 거야.
키코: 내가 그런 사람이어서 사랑한다고 해 주니 기뻐.

이번에는 키코가 아무것도 이해하지 못하는 쪽이다. 알렉스는 예민함, 사려 깊음, 강인함 등의 특징 때문에 키코를 사랑한다고 설명하고 있다. 그는 자기 말을 믿고 있고 어쩌면 그 믿음은 옳을지도 모른다. 키코의 예민함, 사려 깊음, 강인함에 이의를 제기할 생각은 없다. 하지만 키코에 대한 알렉스의 사랑은 단순히 이들 특징만으로 설명되지 않을 가능성이 매우 크다. 똑같이 예민하고 사려 깊고 강인한 사람이 많지만 알렉스가 그런 사람에게 똑같은 매력을 느끼지는 않는다. 이런 특징을 갖췄지만 키코보다 못생겼다거나 가식적이라면 사랑하지 않았을 것이다. 다른 한편 덜 예민하고 사려 깊지 않고 나약한 사람에 대해서도 알렉스가 매력을 느낄 수 있다. 이런 특징이 없더라도 키코보다 훨씬 더 예쁘거나 가식적이지 않다면 아마 사랑에 빠질 것이다. 따라서 키코에 대한 알렉스의 사랑은 그의 설명에 정확히 나타나지 않은 특징들에 의존한다. 목소리, 미소, 움직이는 방식 등이 포함될 수도 있다. 누가 알겠는가? 우리는 알 수 없다. 알렉스 또한 알지 못한다.

　미덕 오류의 부정적 효과는 너니까 오류의 그것과 동일하다. 자기가 지닌 특징 때문에 사랑받는다고 믿는 사람은 그 특징이 유지되는 한 사랑이 줄거나 사라지지 않는다고 여길 것이다. 하지만 이런 생각은 원치 않는 결과를 낳기 쉽다. 사랑의 경향을 설명하는 특징을 잘못 이해했을 가능성이 크기 때문이다.

너니까 오류와 미덕 오류는 연인들이 자신의 사랑에 대해 생각할 때 가장 전형적으로 보이는 두 가지 실수이다. 두 경우의 실수 모두 합리화라는 심리적 메커니즘에 바탕을 둔다. 연인들이 사랑의 경향을 낳은 진짜 이유를 잘 모르는 상태에서 만족스러운 설명을 찾는 것이다. 두 오류 사이의 차이는 설명의 종류에 있다. 너니까 오류의 경우 사랑하는 대상 자체가 좋다고 하면서 관련된 특징의 인과관계를 설명하지 않는다면, 미덕 오류는 사랑하는 사람한테서 가치 있다고 보는 특징에 집중하여 인과관계를 설명하는 것이다.

두 종류의 설명은 명백히 정당화 기능을 한다. 행동이나 감정에 대한 설명이 그 행동이나 감정의 이유를 말해 주기에 정당화가 되는 것이다. 사랑하는 주체는 자신이 상대를 사랑하는 이유가 있다고, 그 상대는 정말로 사랑받아 마땅하다고 생각하곤 한다. 이런 생각은 상대가 특별하다는 믿음을 낳는다. '특별함'은 어느 정도 객관적이고 절대 사소하지 않다는 의미이다. 여기서 '객관적'이라는 것은 상대의 특별한 면을 사랑하는 주체가 아닌 다른 이들도 인식할 수 있다는 뜻이며, '사소하지 않다'는 것은 상대가 그저 독특한 특징을 가졌거나 사랑하는 사람 앞에서 독특하게 행동하는 것 이상이라는 뜻이다. '특별함'이 어느 정도 객관적이지도 않고 그저 사소하다면 상대가 특별하다는 주장은 충분치 않은 참이고 정당화되지도 못할 것이다. 너니까 오류와 미덕 오류는 사랑받는 상대가 특별하다고 믿기 위한 일반적인 방법일 뿐이다.

물론 상대가 특별하다는 믿음은 사랑하는 사람 입장에서 짜릿하고 즐겁고 신나는 일이다. 이런 믿음이 있다면 다른 경우라면 절대 삼키지 않을 알약도 꿀꺽 삼킬 수 있다. 다음 대화는 아마 일부 독자에게 익숙할 것이다.

> 알렉스: 어젯밤 그녀를 만났어. 같이 극장에 갔다가 오래 산책했지. 정말 행복했어.
> 질: 산책했다고? 함께 집으로 간 게 아니고? 아무 일도 없었던 거야?
> 알렉스: 응, 아직은. 하지만 곧 그렇게 되겠지.
> 질: 좀 빨리 진도를 나갈 수 없어?
> 알렉스: 그녀가 아직 준비가 안 된 것 같……
> 질: 준비라고? 대체 뭘 기다리는 거야?
> 알렉스: 그녀는 다른 여자와 달라.
> 질: 뭐가 다른데?
> 알렉스: 특별해.

상대가 특별하다는 믿음은 짜릿하고 즐겁고 신나는 또 다른 믿음과 자주 결합된다. 연인들을 묶어 주는 관계 자체에 무언가 특별한 것이 있다는 믿음 말이다. 연인들은 자기 사랑 이야기를 할 때 고유하고 예외적으로 묘사하는 경향이 있다. 영화나 소설에 등장하는 고유하고 예외적이며 이상화된 사랑과 닮은 모습으로 말이다. 이는 그들의 선택에 가치를 더해 주고 기분 좋게 만든다.

이렇듯 상대가 특별하고 자기 연애담이 특별하다고 믿는 것은 안타깝지만 대개 정당화되지 않는 믿음이다. 우연히 그게 맞아떨어지는 경우가 있긴 해도 (정말로 어떤 사람들은 특별히 사랑스럽고 어떤 연애담은 특별히 예외적이니 말이다.) 모든 연인이 이럴 가능성은 거의 없다. 정말로 특별히 다루어야 마땅한 특별한 특징이라는 것이 있다면 그건 대부분의 사람이 아닌 오로지 일부에게만 나타나야 한다. 키가 아주 크다든지 IQ가 평균보다 월등히 높다든지 하는 것처럼 말이다. '특별함'은 어느 정도 객관적이고 절대 사소하지 않은 측면이어야 한다고 앞서 설명했다. 사랑받는 경험은 대부분의 사람들이 하는 것이고 그 대부분이 누군가에게는 특별하게 여겨진다. 따라서 연인들의 말이 옳다면 그 대부분이 다 특별하다는 말이 된다.

요약해 보자. 너니까 오류와 미덕 오류는 연인들이 자기 행동이나 감정을 합리화할 때 저지르는 보편적인 두 가지 실수이다. 이들 오류를 깨닫는다면 자기 사랑의 상대가 특별하다는 생각이 순진한 낙관임을 이해할 것이다. 사랑받는 상대가 스스로 특별하다고 생각하는 것도 순진한 낙관이다. 편안함에는 대가가 따른다. 편안하고 순진한 믿음은 차라리 없는 게 나았을 것이라 생각될 만큼 불쾌한 결과를 낳을 수 있다.[3]

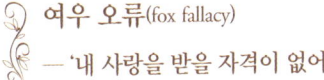

여우 오류(fox fallacy)
— '내 사랑을 받을 자격이 없어'

지금까지 연인들이 자기 사랑을 이해하려 할 때 저지르는 두 가지 오류를 살펴보았다. 이제 합리화를 포함하는 세 번째 오류로 가 보자. 세 오류 모두에서 사랑하는 사람은 특정 상황을 확신하고 믿는다. 그런 상황을 근거로 사실이 설명된다는 가설을 잘못되게 받아들인 탓이다. 이 장의 남은 부분과 다음 장에서 살펴보겠지만 연인들이 정당화되지 않는 믿음을 획득하는 잘못된 방법은 잘못되지 않은 믿음을 획득하는 과정과 닮아 있다. 일부 오류들은 믿음을 획득하는 잘못된 방식을 신뢰할 만한 방법으로 오해하는 데서 나타난다.

이번 장을 시작하면서 우리는 여우와 신 포도 우화를 들어 합리화 개념을 소개했다. 이 우화는 합리화가 무엇인지 알기 쉽게 보여 준다는 점뿐 아니라 불만족한 연인들 사이에 널리 퍼져 있는 특정한 합리화 유형을 보여 준다는 점에서도 흥미롭다. 사랑이 보답받지 못할 때는 상대가 그 원인을 제공했다는 정당화되지 않는 믿음에 매달리기 쉽다. 상대에게 부정적인 특징을 부여함으로써 호혜적 사랑의 부재를 받아들이려 하는 것이다. 불만족한 연인들은 자주 '내 사랑을 받을 자격이 없어', '결국 안 될 일이었어', '그 사람은 머리가 나쁘잖아'라는 식으로 말하면서 여우처럼 행동한다.

이러한 여우 오류에 작용하는 정신적 과정은 다음과 같다. 일단 욕망이 있다. 그리고 그 욕망이 충족되지 못하리라는 점이 분명하다. 그 결과 욕망의 상대가 욕망을 사라지게끔 만드는 특성을 지녔다고 믿기 시작한다. 정당화되지 않은 믿음이다. 여우의 상황을 보자. 처음에 여우는 포도를 원했다. 하지만 앞발이 닿지 않는다는 것을 알게 되자 포도가 시다고 믿기 시작한다. 포도가 시다고 믿을 만한 근거는 없다. 그저 신 포도는 욕망할 만하지 않으므로 시다고 믿는 것이 여우 기분을 좋게 만든다는 것, 이것만이 사실이다.

여기서 '욕망할 만함'은 '즐거움' '매력' '끌림'을 의미한다. '좋음', '가치 있음', '유익함'의 의미가 아니다. 두 종류의 특징 모두가 욕망의 대상이 될 만하지만 여우에게는 첫 번째만이 관련된다. 두 번째 의미의 '욕망할 만함'이었다면 욕망할 만하지 않은 포도라도 애초의 욕망과 공존 가능하다. 여우는 두 번째 의미에서는 포도가 욕망할 만하지 않다고 믿으면서도 첫 번째 의미에서 포도에 대한 욕망을 유지할 수 있다. 수많은 흡연자들이 흡연이 좋지 않다고 믿으면서도 계속 담배를 욕망하지 않는가.

포도가 시다는 이유로 애초의 욕망을 버리는 것이 여우에게 비이성적이지 않다는 점이 중요하다. 당초의 욕망 수정은 포도를 따먹을 수 없다는 사실에서 직접 기인한 결과가 아니다. 포도가 시다는 믿음이 낳은 직접적 결과이다. 이 믿음은 사실에 인과적으로 기인한다. 달리 보면 여우가 애초의 욕망을 바꾸도록 한 정신적 과정은 두 단계로 나눌 수 있다. 첫째, 포도가 시다는 믿음을 획득하고, 둘째, 그 믿음을 바탕으로 포도를 욕망하지 않게 된 것이다. 여기서 비이성적인 부분은 두 번째가 아니라 첫 번째이다.[4]

욕망이 좌절된 사람이 근거 없이 상대에게 부정적인 특징을 부여하며 핑계를 찾을 때, 그러니까 포도가 시다는 여우의 믿음과 똑같은 믿음을 갖게 될 때 여우 오류가 일어난다. 비슷해 보이지만 여우 오류와 구분되는 두 가지 경우를 분명히 해 둘 필

요가 있겠다. 첫째, 욕망이 좌절된 연인이 상대와 아무 상관없는 내용으로 평계되는 믿음을 획득한다면 여우 오류와 다르다. 예를 들어 자기가 더 나은 연인을 만나게 될 것이라든지 직장에서 성공할 것이라든지 하는 정당화되지 않은 믿음에서 위로를 얻는 일이 가능하다. 둘째, 욕망이 좌절된 연인이 정당화된 기존의 믿음을 강화하여 위로를 얻는다면 여우 오류와 다르다. 예를 들어 불만족한 연인은 상대의 큰 약점을 기억하거나 강조함으로써 위로받을 수 있다. 이 경우 인지적 실수는 일어나지 않는다.

잃어버린 사랑의 오류(lost love fallacy)
— '떠나간 후에야 사랑하기 시작했어'

처음 만났을 때 나는 그녀를 좋아하지 않았지.
어느 날 밤
그녀는 "난 이제 모든 것에 지쳐 버렸어요."라며 그냥 떠나 버렸어.
이보게, 그런데 이건 무슨 영문일까!
그 순간부터 나는 그녀를 사랑하게 되었으니.
— 루이스 아마도리, 〈누가 말했을까 *Quién Hubiera Dicho*〉

여우 오류와 대조되는 경우를 보자. 상대가 떠나 버린 후에야 상대의 가치를 인정하기 시작하는 경우이다. 위에 인용한 탱고 곡은 2년 동안 자기를 사랑해 준 여인을 기억하며 고통스러워하는 남자의 이야기이다. 여인이 곁에 있을 때는 사랑하지 않았는데 떠나간 후에 뒤늦게 사랑하기 시작한 것이다. 여인이 떠나간 밤부터 여인을 잊으려 애쓰지만 소용이 없다. 여우 이야기와는 사뭇 다르다. 여우는 애초에 포도를 욕망했지만 얻을 수 없다는 것을 깨닫고 욕망할 만하지 않다고 생각하기 시작한다. 반면 탱고 곡의 남자는 애초에 여인을 욕망하지 않았지만 떠나 버렸다는 것을 깨달은 후 여인이 욕망할 만하다고 생각하기 시작한다. 이런 상황은 드물지 않다. 우디 앨런의 영화 〈맨해튼〉의 상황도 그렇다. 아이삭은 나이 어린 여자 친구 트레이시가 런던으로 떠나기로 결심하고 관계가 깨져 버린 후에야 진심으로 사랑하기 시작한다.

이러한 '잃어버린 사랑의 오류'에서 저지르는 실수는 다음과 같이 설명된다. 애초에는 주어진 상대에게 욕망을 느끼지 않는다. 이어 상대가 멀어진다. 그다음에야 그 상대가 욕망할 만하다고 믿기 시작한다. 정말로 욕망하는 것이든, 아니면 욕망할 만하다고 그저 믿게 된 것이든 어떻든 여우 오류와는 정반대이다. 불가능하기 때문에 욕망할 만하지 않다고 믿는 대신 불가능하다는 바로 그 이유 때문에 욕망할 만하다고 믿는 것이다. 얻기 어렵다는 바로 그 이유로 얻기 어려운 것을 가치 있다고 여기는, 잘 알려진 심리적 현상의 극단적 발현이라 할 것이다.

이런 식으로 형성된 믿음이 정당화되지 않는 이유를 알려면 떠나간 상대를 욕망하기 시작할 때 그 대상이 전과 똑같은 사람임을 기억하면 된다. 누군가 욕망할 만하다고 생각되는 것은 대개 미모, 선량함 등 그 사람의 신체적 정신적 자질 때문이다. 하지만 떠나간 사람이 전과 똑같다면 지금 그 사람을 욕망할 만하게 만드는 신체적 정신적 자질은 전에도 존재하던 자질이다. (물론 이별의 결과로 굳건한 의지 같은 자질을 새로이 발견했을 가능성도 있지만 일단 이는 배제하겠다.) 따라서 떠나간 사람이 욕망할 만한 미덕을 갖추었다면 이전부터 욕망했어야 마땅하다.

마지막으로 한 가지만 짚어 두자. 잃어버린 사랑의 오류는 사랑하는 이가 떠나간 후에야 자기 사랑의 깊이나 강도를 알게 되는 경우와는 다르다. 예를 들어 마르셀 프루스트 소설 《잃어버린 시간을 찾아서》에 등장하는 상황이 그렇다. 마르셀은 자신이 더 이상 알베르틴을 사랑하지 않는다고 생각한다. 하지만 알베르틴이 떠나고 나자 슬픔과 상실감에 휩싸인다. 자신이 얼마나 많이 사랑했고 지금도 사랑하는지 깨달은 것이다. 마르셀은 처음부터 알베르틴을 욕망했다는 점에서 탱고 곡에 등장하는 남자와는 다르다. 잃어버린 사랑의 오류에서 핵심은 애초에는 상대를 욕망하지 않았다는 데 있다.

최악의 설명 추론(inference to the worst explanation)
— '전화가 안 오는 건 전화기를 잃어버렸기 때문이야'

섬 해안에서 사람 발자국을 발견한 로빈슨 크루소는 두려움과 공포에 사로잡힌다. 어떻게 생긴 발자국일까 생각하면서 제일 먼저 떠오른 것은 악마의 발자국이라는 추측이다. 물론 더 정밀하게 살펴본 후 그는 카누를 타고 온 야만인의 발자국이라고 결론을 내린다.

로빈슨 크루소가 야만인의 발자국 가설을 받아들이게 한 사고과정은 최선의 설명 추론이다. 그는 발자국, 즉 설명이 필요한 사실을 관찰한 후 여러 가설을 비교하여 최선의 설명을 찾았고 결국 야만인 가설이 가장 타당하다는 결론을 내린다. 악마가 그를 놀라게 하려고 발자국을 남겼다는 가설은 개연성이 없다. 이렇게 하여 그는 야만인 가설이 옳다고 믿을 이유를 확보한다.

최선의 설명 추론의 보다 정교한 사례는 실증적 연구에서 볼 수 있다. 진화 이론을 보자. 화석 자료(퇴적암에 보존된 초기 지질시대 유기체의 흔적)는 설명을 요구한다. 서로 다른 생물종의 흔적인 화석은 서로 다른 지역과 서로 다른 층위에 위치한다. 이 사실에 대한 타당한 설명은 동물종이 자연 선택을 통해 진화했다는 가설이다. 물론 이것이 유일하게 가능한 가설은 아니다. 화석은 신이 창조한 것일 수도, 외계인이 지구로 가져다 놓은 것일 수도 있다. 하지만 이들 대안적 가설은 개연성이 낮다. 우리가 아는 한 진화 이론은 화석 자료에 대한 최선의 설명을 제공하고 따라서 이를 믿는 것은 합리적이다.

방금 설명한 추론 방법은 올바르게 적용될 경우, 즉 선택된 가설이 인식적 맥락에서 최선인 경우에 정당화되는 믿음을 낳는다. 하지만 올바르게 적용되지 않았다면 정당화되지 않는 믿음을 낳을 수 있다. 우리가 마지막으로 고려하는 오류인 '최악의 설명 추론'은 인식적 맥락에서 최선이 아닌 가설로 사실을 설명하려 할 때 일어나는 실수다. 선택된 가설을 인식적 맥락에서 가장 타당한 가설과 비교한다면 분명히 열등하다. 이 때문에 오류 이름에 '최악'이라는 표현이 들어갔다. 엄밀히 말해 절대적으로 최악은 아닐 수 있긴 하다. 연인들은 자주 이런 실수를 저지른다. 로빈슨 크루소가 깜짝 놀란 상태에서 익미의 발자국이라는 성급한 생각을 했던 것처럼 말이다.

연인들이 대안적 설명들을 제대로 검토하지 못하는 이유는 감정 요소 때문에 판단력이 제한되기 때문이다. 최악의 설명 추론을 보여 주는 상황은 다음과 같이 설명할 수 있다. 한 사람이 충족되지 못하는 욕망을 지니고 있다. 충족되지 못하는 사실을 설명하기 위해 그는 불만족을 경감시키는 가설을 채택한다. 설사 욕구가 충족되지 못한다는 사실을 가장 잘 설명하는 가설이 아니라 해도 말이다. 이 면에서 이 오류는 로빈슨 크루소와는 다르다. 악마의 발자국은 절대 즐거운 생각이 아니니까.

최악의 설명 추론 사례를 두 가지 살펴보자. 두 사례 모두에서 제공된 설명은 최선이 아니지만 연인들 기분을 더 좋게 만들어 준다. 첫 사례부터 보자.

> 키코와 쥘은 1년 동안 데이트를 해 왔다. 키코는 쥘을 사랑하고 쥘이 더 헌신해 주기를 바란다. 하지만 태도를 분명히 해 달라고 요청할 때마다 쥘은 물러서며 아직 진지한 관계로 들어갈 확신이 없다고 말한다. 키코는 생각한다. '이 사람은 아직 미성숙해.'

이 경우 설명되어야 할 사실은 쥘이 헌신하고 싶어 하지 않는다는 것이고 키코가 선호하는 가설은 쥘이 미성숙하다는 것이다. 물론 이 가설이 전적으로 타당하지 않은 것은 아니다. 정말로 쥘이 미성숙하다면 아마 헌신하려 하지 않을 테니까. 하지만 핵심은 보다 타당해 보이는 다른 가설, 즉 줼이 키코를 충분히 사랑하지 않는다는 가설이 존재한다는 데 있다. 미성숙 가설이 사랑 불충분 가설보다 더 타당하다고 생각할 만한 독립적 이유가 아마 키코에게는 없을 것이다. 진짜 동기는 미성숙 가설이 키코의 자존감에 상처를 덜 입힌다는 점이다.

두 번째 사례는 다음과 같다.

> 알렉스와 키코는 파티에서 만나 전화번호를 교환했다. 알렉스는 키코가 몹시 마음에 들어 데이트를 하고 싶다. 전화를 걸었지만 아무도 받지 않는다. 좀 기다렸다가 두 번 세 번 전화를 걸어도 여전히 불통이다. 다음날도, 그 다음날도 전화를 계속 걸지만 여전히 연결이 되지 않는다. 알렉스는 생각한다. '아마 전화기를 잃어버린 모양이야.'

이 경우 설명되어야 할 사실은 키코가 알렉스에게 전화를 다시 걸어 오지 않았다는 것이고 알렉스가 선택한 가설은 키코가 전화기를 잃어버렸다는 것이다. 앞의 사례와 마찬가지로 이 가설이 전적으로 타당하지 않은 것은 아니다. 정말로 전화기를 잃어버렸다면 전화를 받을 수 없을 테니까. 하지만 보다 타당해 보이는 다른 가설, 즉 키코가 통화를 하고 싶어 하지 않는다는 가설이 엄연히 존재한다. 전화기 분실 가설이 통화 거부 가설보다 더 타당하다고 생각할 만한 독립적 이유가 알렉스에게는 없어 보인다. 진짜 동기는 전화기 분실 가설이 알렉스의 자존감에 상처를 덜 입힌다는 점이다.

· ◇ 제3장 ◇ ·

믿음을 넘어서는 욕망의 힘

. . .

그 이야기는 아마 진실이었겠으나
자기 감각을 통제하는 사람이 믿기는 어려웠지.
하지만 더 나쁜 실수에 빠진 사람이라면
얼마든지 가능하다 여겼을 거야.
사람이 보는 것을 사랑은 보이지 않게 하지.
그리고 사랑은 보이지 않는 것을 드러낸다네.
나약한 사람은 즐거운 일을 쉽게 믿어 버린다고들 했지.

— 루도비코 아리오스토, 《광란의 오를란도 *Orlando Furioso*》

사랑이라는 안경

 2장에서 살펴보았듯 사랑은 우리의 현실 인식을 쉽게 왜곡한다. 연인들은 사랑이라는 안경을 통해 세상을 보는데 이건 일반적 안경과 전혀 다르다. 일반적 안경이 시력을 보정해 시력을 개선한다면 사랑이라는 안경은 시야를 어둡게 하기 일쑤이다. 사물의 모습을 바꾸고, 눈앞에 있는 것을 보지 못하게 하며, 없는 것을 보게 만들기도 한다. 이 장에서는 연인들 사이에 널리 퍼져 있는 왜곡의 몇 가지 모습을 기술하려 한다.

 특히 우리는 연인들의 삶에서 가장 강력한 추동력인 욕망이 어떻게 현실을 왜곡하는지에 초점을 맞추겠다. 합리화 논의가 보여 주듯 연인들은 자기 기분을 좋게 만들어 주는 것을 믿는다. 2장의 네 번째 오류에서 사랑이 보답받지 못할 때 상대에게서 핑계를 찾는, 정당화되지 않는 믿음에 빠져드는 것을 보았다. 마찬가지로 2장의 여섯 번째 오류에서는 그저 자존감이 덜 상처 입는다는 이유만으로 설명의 타당성이 떨어지는 가설을 선택하는 모습도 보았다. 이들 상황에서 공통적인 핵심 요소는 '희망적 사고(wishful thinking)'라는 심리 메커니즘이다. 희망적 사고는 욕망하는 바를 믿으려는 경향이라고 정의할 수 있다.

희망적 사고는 정당화되지 않는 사랑에 대한 믿음을 낳는 무한한 원천이다. 연인들은 자신들이 그렇게 바란다는 이유만으로 상황이 어떠어떠하다고 생각하곤 한다. 그 믿음이 전혀 정당화되지 않음에도 말이다. 이 믿음이 꼭 거짓이라는 말은 아니다. 1장에서 살폈듯 p임을 믿는 것이 정당화되지 않음에도 p임을 믿는 것은 가능하고 결국 상황이 p라고 밝혀질 수도 있다. 사랑의 다른 오류들도 마찬가지다.

다음에는 희망적 사고의 주된 효과 두 가지, 즉 희망적 사고가 사랑에 대한 믿음에 영향을 주는 주된 방법 두 가지를 다룬다. 이어 희망적 사고와 동일하지만 믿음보다 인식과 관련되는 현상을 살피겠다. 마지막으로 현실 인식을 왜곡하지만 희망적 사고와는 전혀 다른 인지적 실수를 고려하고자 한다.

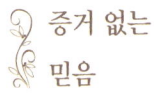# 증거 없는 믿음

희망적 사고의 첫 번째 효과는 p이기를 욕망하기 때문에 p라고 믿을 증거가 충분하지 않음에도 p라고 믿는 것이다. 사례를 보자.

> 알렉스와 키코는 함께 근무한다. 키코에 대한 알렉스의 우정은 점차 사랑으로 발전해 왔다. 키코는 알렉스를 다정하게 대하지만 이건 직장 동료 누구에게든 마찬가지다. 키코는 관계를 진전시킬 의사가 없고 사무실의 모든 직원에게 공평하게 애정을 나누어 주고 있음에도 알렉스는 키코의 행동을 보며 자기를 좋아한다고 생각한다.

키코가 자신을 좋아한다는 알렉스의 믿음은 정당화되지 않는다. 키코의 행동이 이에 대한 증거가 되지 못하기 때문이다. 알렉스가 이렇게 믿는 이유는 오로지 정말로 키코가 자신을 좋아하길 바라기 때문이다.

위의 상황은 증거가 충분해 믿음이 정당화되는 상황과 어느 정도 닮아 있다. 키코가 알렉스에게 특별히 더 다정하다면, 그러니까 다른 동료를 대하는 모습과 확연히 다르다면 알렉스는 키코가 자신을 좋아한다고 생각할 근거가 충분하다. 희망적 사고라는 덫에 빠지기가 그렇게 쉬운 이유가 바로 여기 있다. 이런 상황에서는 자신이 욕망하는 방식으로 상황이 전개되고 있다고 믿기 위해 증거를 과대평가하는 경향이 나타난다.

희망적 사고의 효과는 때로 충격적이다. 믿음을 넘어서는 욕망의 힘이 얼마나 강한지 심지어는 눈곱만큼의 증거도 없는 상황에서 원하는 바를 믿을 수도 있다. 드라마 〈빅 뱅 이론〉 시리즈에는 자기한테 관심이 전혀 없는 여성에게 여러 번 거절당한 청년이 여성의 행동은 자기를 좋아하기 때문에 나오는 것이라 말하는 장면이 나온다. 이런 식의 엄청난 현실 왜곡은 드물지 않다. 불만족한 연인은 '그녀는 마음을 감추고 있어', '수줍어서 소극적인 거야', '그는 날 사랑하지만 그걸 드러내길 두려워해'라는 식으로 말하곤 한다.

희망적 사고의 보다 친숙한 사례는 사랑하는 사람이 친구와 도덕적으로 나쁜 행동에 대해 이야기하면서 자기 사랑을 받는 상대는 절대 그러지 않으리라 말하는 것이다. 상대가 절대로 그런 행동을 하지 않으리라 믿을 증거는 대개 충분치 않다. 그저 사랑하는 사람이 그러리라 믿고 싶을 뿐이라는 것이 여기 존재하는 사실이다. 상대의 특징을 들며 믿음을 뒷받침하려는 시도

도 물론 이루어진다. 예를 들어 몇 차례 원나잇 관계를 가진 기혼자는 자기 배우자라면 그럴 리 없다며 '사랑하지 않는 사람과 성관계는 절대 하지 않을 것'이라 생각하는 것이다. 하지만 상대의 그 특징 또한 정당화가 필요한 부분이다. 어쩌면 사랑하지 않는 사람과도 성관계가 가능할지도 모른다.

희망적 사고의 또 다른 전형적 사례는 사랑하는 사람들이 '난 이렇게 좋은 기분을 느껴 보는 게 처음이야', '이제야 사랑이 뭔지 알게 되었어', 혹은 '이번이 진정한 사랑이야'라는 식으로 말하는 것이다. 이렇게 믿을 증거는 대개 없다. 사랑하는 사람은 욕망을 바탕으로 현재의 감정이 과거의 감정보다 더 강하다고, 현재의 상대가 과거에 사랑했던 사람보다 더 낫다고 믿는 경향이 있다. 정당화되지 않는 이런 믿음은 어쩌면 희망적 사고와는 다른 심리 현상, 즉 현재의 즉각성과 기억의 한계 때문에 현재 경험을 과거 경험보다 높이 치는 현상에서 나오는 것인지도 모른다. 예를 들어 '이렇게 더운 여름은 처음이야'라고 말하는 것이 이런 성향의 효과이다. 그럼에도 연인들이 자기 사랑에 대해 이미지를 만들어 갈 때 희망적 사고는 늘 일정 부분 작용한다고 할 수 있다.

정서적인 관계에서 일어나는 오해 중 최소한 일부분은 희망적 사고를 바탕으로 한 정당화되지 않는 믿음 때문으로 보인다.

짝사랑에서는 사랑하는 주체가 상대의 행동을 애정 표현으로 해석하려는 경향이 전형적으로 나타난다. 내 친구 한 명은 비슷한 일을 반복적으로 겪었다. 사랑하지 않는 여성들을 상대로 추파를 던지고 관계를 맺는 일이 몇 차례 이어졌는데 그때마다 그는 자칫 잘못 해석될 수 있는 행동을 하지 않으려 몹시 조심했지만 상대 여성들은 예외 없이 그의 행동을 애정 표현으로 해석하곤 했다. 아침을 준비해 준다든지, 콘서트에 초대한다든지, 화장실 수도를 고쳐 준다든지 하는 행동을 바탕으로 그가 자신들을 사랑하고 있으며 다만 인정하고 싶지 않을 뿐이라는 결론을 내린 것이다.

이 절 처음에 소개한 직장 동료의 사례에서 그랬듯 이 상황 역시 증거가 충분하여 믿음이 정당화되는 상황과 어느 정도는 비슷해 보인다. 내 친구가 특별히 한 여성 앞에서 다른 행동을 보였다면, 그리하여 아침 식사 후에도 남아 있거나 여름휴가를 함께 가자고 하거나 자기 어머니와 인사를 시키거나 했다면 사랑하는 것이라 믿을 근거가 된다. 하지만 그런 행동은 전혀 없었다. 그저 사랑을 인정하고 싶지 않은 마음에 그런 행동을 하지 않는다고 볼 가능성은 희박하나.

믿음 없는 증거

희망적 사고의 두 번째 효과는 p라고 믿을 증거가 충분한데도 p라고 믿고 싶지 않기 때문에 p임을 믿지 않는 것이다. 전혀 명백하지 않은 것을 믿는 앞선 사례들과 대조적으로 명백한 것을 믿지 않는 일이 발생하는 것이다.

때로 연인들은 기대와 다른 명백한 진실을 거부한다. 내 친구 중 한 명은 남자친구에 대한 확신이 어찌나 컸는지 남자친구 침실에서 여러 차례 여자 속옷을 발견했을 때도 칠칠치 못한 여동생이 놀러 왔다가 두고 간 것이라는 남자친구의 말을 그대로 믿었다. 자기를 속이고 있다는 증거가 분명했는데도 정반대편을 믿어 버린 것이다.

희망적 사고의 두 번째 효과는 첫 번째 효과와 자주 결합된다. p라고 믿을 증거가 없고 p가 아니라고 믿을 증거가 충분한데도 p라고 믿는 일이 벌어지는 것이다. 긍정적 증거가 부재하고 부정적 증거가 존재하는 상황인데도 p라고 믿는 것이라고 할 수 있다. 희망적 사고를 바탕으로 정당화되지 않는 믿음을 지닌 연인들은 두 가지 실수를 다 저지른다. 한편으로 긍정적 증거를 과대평가하고 다른 한편으로 부정적 증거를 과소평가하는 실수이다. 다음 사례가 그 복합적인 효과를 보여 준다.

알렉스와 키코는 연인 사이이다. 공원, 모텔, 식당에서 데이트를 한다. 키코는 기혼이고 자녀도 둘을 두고 있다. 비밀 데이트와 격렬한 성관계가 1년 동안 이어진 후 알렉스는 키코에게 가족을 떠나 자신에게 올 수 있느냐고 묻는다. 키코는 그가 원하는 일이라면 무엇이든 할 수 있다고 대답한다. 하지만 시간이 흘러도 아무 변화가 없다. 알렉스는 한층 강하게 다시 묻고 키코는 그를 안심시키는 대답을 한다. 그러나 상황은 변하지 않고 이런 대화는 점점 더 잦아진다. 그럼에도 알렉스는 언젠가 키코가 이혼을 할 것이라 믿는다. 아직 못한 건 맞지만 다만 시간의 문제라는 것이다.

이 경우 알렉스는 희망적 사고를 바탕으로 키코가 이혼을 하게 될 것이라는 정당화되지 않는 믿음을 유지한다. 이 믿음이 정당화되지 않는 이유는 긍정적 증거의 전적인 부재도, 부정적 증거의 절대적 존재도 아니다. 키코의 사랑 고백, 열정적 입맞춤 등 몇몇 사실은 향후 이혼하리라는 생각을 갖게 하지만 약속 파기, 이혼 시 감당해야 하는 문제 등 다른 사실은 이혼하지 않으리라는 예측을 하게 만든다. 문제는 알렉스가 전자의 사실들을 지나치게 중시하고 후자의 사실들은 지나치게 경시한다는 데 있다.

이런 경우가 극단적으로 가면 희망적 사고로 인한 자기기만이 병적 오해까지 부르게 된다. 심리학자인 스티븐 그로스는 기혼자 남자 동료와 9년 동안 연인 관계였던 자기 환자 사례를 말해 주었다. 여자 환자를 헬렌, 기혼 연인을 로버트라 부르기로 하자. 사랑에 눈이 멀어 버린 헬렌은 멀쩡히 눈앞에서 벌어지는 사실을 보지 못한다. 9년 동안 로버트는 약속을 밥 먹듯 어겼다. 함께 휴가를 떠나기로 약속하고는 아내와 가 버렸다. 이혼할 테니 아들이 대학에 갈 때까지만 기다려 달라고 했다가 막상 그때가 되니 이혼을 하지 않았다. 어느 날인가는 다른 여자를 만났다며 아내와 이혼하고 새 여자와 살겠다는 말도 했다. 그러자 헬렌은 로버트가 자신 아닌 다른 여자와 사랑에 빠졌다는 점을 인정하는 대신 그로스에게 자기는 일이 어떻게 진행될지 다 안다고 말했다. 결국 로버트는 이혼을 할 수 있게 된 것이고 새 연인은 로버트를 어떻게 다뤄야 할지 모를 테니 로버트는 자신에게 돌아올 수밖에 없으리라고 말이다. 물론 그럴 가능성이 희박하나마 존재하기는 한다. 하지만 헬렌은 이를 확신하고 있었다.

지금까지 우리는 두 사람의 관계에서 한쪽이 희망적 사고를 바탕으로 정당화되지 않는 믿음을 갖게 되는 상황을 살펴보았다. 양쪽 모두 이런 믿음을 갖는 경우도 있다. 최종적 결별의 전주곡처럼 보이는 위기들로 점철된 고통스러운 연애를 지속하는 두 연인의 모습은 전혀 낯설지 않다. 위기가 터질 때마다 친구에게는 '드디어 끝장이야', '어차피 오래 갈 관계가 아니었어', '이번에는 달랐어. 피할 방법이 없었지'라고 말하지만 시간이 조금 더 지나면 마치 아무 일 없었다는 듯 다시 만나는 연인 말이다. 친구들에게 관계가 끝났다고 말할 때 이들은 정말로 그 말을 믿고 있다. 그 순간에는 자기 말이 참이기를 욕망했기 때문일 것이다. 하지만 그 믿음은 정당화되지 않는다. 위기와 타협이라는 반복적 경험은 그 믿음과 정반대 방향을 가리키기 때문이다. 물론 매번의 위기마다 그 위기가 진짜라는, 그 이후의 타협은 없을 것이라는 믿음이 가능하다. 하지만 그렇다고 특정 위기에 대한 믿음이 정당화된다는 뜻은 아니다. 이전 위기의 경험을 볼 때 다시 한번 관계가 회복될 가능성을 배제할 이유가 없기 때문이다. 특정 위기 이후 타협은 없을 것이라 믿는 것은 그 순간에 그러기를 바라는 욕망 때문이다.

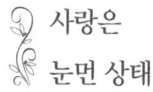
사랑은 눈먼 상태

 욕망이 야기하는 현실 오해에 대해 결론을 내리려면 희망적 사고와 유사하되 믿음보다는 인식과 관련된 심리적 현상을 살펴보아야 한다. '희망적 보기(wishful seeing)'라 이름붙일 수 있을 이 현상은 자신이 욕망하는 대로 보는 경향이다. p임을 욕망하기 때문에 믿는 것처럼 p임을 욕망하기 때문에 p라고 볼 수 있다. 마찬가지로 p가 아님을 욕망하기 때문에 p라고 믿지 않는 것처럼 p가 아님을 욕망하기 때문에 p임을 보지 못한다. 여기에는 앞서 소개한 안경 은유가 더 잘 들어맞는다.

 희망적 보기의 첫 번째 형태는 퍽 일반적이다. 연인들은 사랑하는 대상의 특징을 긍정적으로 평가한다. 예를 들어 마른 여성과 사랑에 빠진 남성은 연인에게서 톱 모델의 모습을 보게 된다. 친구들은 그저 마른 여성이라 볼 뿐이지만 말이다.

 희망적 보기의 두 번째 형태 역시 일반적이다. 연인들은 상대의 특징에서 부정적으로 평가되는 점을 보지 못한다. 예를 들어 키 작은 남성을 사랑하는 여성은 실제보다 상대를 크게 볼 수 있다. 친구들은 그저 키 작은 사람이라고만 보아도 말이다.

 희망적 보기의 사례는 긍정적 특징의 부재 혹은 부정적 특징의 존재를 인식하되 의도적으로 이를 사소하게 여기는 사례와 혼동되지 않아야 한다. 상대에 대한 인식이 정확하기에 인지적 실수는 없다. 상대의 키가 1미터 55센티미터임을 알지만 거기에 신경 쓰지 않는 것과 실제보다 10센티미터 더 크다고 여기는 것은 전혀 다른 문제이다.

연인들이 상대에게서 보거나 보지 못하는 특징들은 사회에 통용되는 미의 기준에 크게 의존한다. 상대가 톱 모델처럼 날씬하다고 보는 남성은 마른 여성이 풍만한 여성보다 선호되는 사회에 살 가능성이 높다. 이와 반대로 풍만한 여성이 마른 여성보다 선호되는 사회에 사는 남성이라면 상대 여성을 실제보다 더 풍만하게 보기 쉬울 것이다. 연인들이 상대에게서 보거나 보지 못하는 특징들은 이처럼 사회에 따라 퍽 다양하다. 하지만 이런 차이가 희망적 보기의 개념 정의에 핵심적이지는 않다. 문화적 변이가 인식론적 차원에서의 변이를 의미하지는 않는다는 1장의 논의가 적용되는 것이다. 상대가 날씬하다고 본 남성이든 풍만하다고 보는 남성이든 인지적 실수는 동일하다.

희망적 보기에 대한 지금까지의 설명은 최소 세 가지 측면에서 일반화가 가능하다. 첫째, 사랑하는 상대가 아닌 이들에게 희망적 보기가 미치는 영향이다. 연인이 상대를 인식할 때 존재하는 시각적 왜곡은 남들을 바라보는 인식에도 왜곡을 가져올 수 있다. 상대를 두고 경쟁을 벌일 수 있는 잠재적 적수, 즉 비슷한 나이와 교육 수준인 동성에 대해서는 부정적인 특징을 과장하고 긍정적인 특징을 폄하하는 자연스러운 경향을 보이는 것이다.[1]

둘째, 시각이 아닌 다른 감각에도 작용한다. '희망적 보기'라는 표현이 시각만이 왜곡된다는 의미는 아니다. 시각의 사례가 특히 흥미롭긴 하지만 이런 왜곡은 다른 감각에서도 나타난다. 예를 들어 사랑하는 상대의 피부는 실제보다 더 부드럽게 느껴질 수 있고 상대의 목소리는 실제보다 더 다정하게 들릴 수 있다. 다시 말해 p임을 욕망하기 때문에 p라고 인식할 수 있고 p가 아님을 욕망하기 때문에 p라고 인식하지 못할 수 있다.

셋째, 직접적으로 인식되지 않는 상대의 특징에 작용한다. 왜곡은 오감을 넘어서 더 광범위한 인식에까지 영향을 미칠 수 있다. 그리 재미있지도 않은 농담이나 일화라 해도 말하는 이를 매력적이라 느끼는 사람은 큰 소리로 웃음을 터뜨리는 경우가 많다. 호감으로 인해 남들은 재미없다고 여기는 것을 재미있다고 인식하는 것이다. 다른 누군가가 똑같은 농담이나 일화를 말했다면 그만큼 재미있고 우습지 않았을 텐데 말이다.

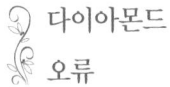
다이아몬드 오류

 마지막으로 다뤄야 할 오류인 다이아몬드 오류는 현실을 왜곡되게 인식한다는 면에서 앞서 살펴본 다른 오류들과 동일하다. 다만 한 가지 중요한 차이가 있다. 이 경우의 연인들은 실제보다 더 좋다는 정당화되지 않는 믿음이 아니라, 실제보다 더 나쁘다는 정당화되지 않는 믿음을 지닌다는 것이다. 더 정확히 말해 다이아몬드 오류를 저지르는 사람은 사랑받는 상대가 사랑 표현에 필수적인 무언가를 하지 않으므로 자기 사랑에 보답하거나 충분히 헌신하지 않는다고 생각한다. 오류의 이름은 다이아몬드가 사랑의 증거가 된다는 상투적 사고에서 나왔다. 이 관례에 따르면 다이아몬드를 사 주지 않는 남자친구는 진짜로 당신을 사랑하는 것이 아니게 된다.[2]

 이 오류를 설명하기 위해 구체적 사례에 초점을 맞춰 보자. 알렉스와 키코는 서로 사귀는 사이인데 어느 날 키코가 알렉스에게 "넌 날 사랑하지 않아. 한 번도 꽃을 사 주지 않았잖아!"라고 말한다. 알렉스가 한 번도 꽃을 선물한 적 없다는 것은 맞지만 그렇다고 해서 그가 키코를 사랑하지 않는다는 믿음은 정당화되지 않는다. 흔히들 꽃이 사랑의 표현이라 여기고 누군가 꽃을 선물한다면 사랑하기 때문이겠거니 생각하기는 한다. 하지만 그렇다고 반대 방향이 유효하지는 않다. 꽃을 선물하지 않는 사랑도 가능하다. 예를 들어 내 친구 한 명(이 장의 두 번째 오류에 소개한 친구와는 다른 사람이다)은 연인에게 꽃을 선물하지 않는다. 꽃은 여자를 감동시키려는 남자의 수작이라고, 혹은 잘못한 일을 얼렁뚱땅 넘어가려는 시도라고 보기 때문이다. 따라서 알렉스가 키코에게 꽃을 선물하는 것이 사랑한다는 뜻이 맞다 해도 알렉스가 키코에게 꽃을 선물하지 않는 것이 사랑하지 않는다는 뜻이 되지는 않는다.

키코의 말뜻을 읽어 내는 방법이 이것만은 아니라는 점을 기억하자. 꽃을 못 받았다고 해서 알렉스가 자기를 사랑하지 않는 것이라 생각할 만큼 키코가 단순하지는 않을 수 있다. 꽃 없이 연애하는 이들도 있다고 알렉스가 항변하면 키코는 꽃이 문제가 아니라고, 자기를 낭만적인 저녁식사에 초대하지도 않고 선물을 주지도 않는 것이 문제라고 말할지도 모른다. 키코의 말을 더 파헤쳐 보면 '꽃이나 선물 등 사랑을 드러내는 행동을 전혀 하지 않으니 날 사랑하지 않는 거야.'라는 의미일 수 있다. 사랑하는 연인에게서 자연스럽게 기대할 수 있는 행동이 무엇 하나 없다는 점을 지적하는 것이다. 정말로 알렉스가 이렇게 무심하다면 키코의 판단이 옳을 수 있다.

하지만 이 경우에도 키코가 틀렸을 가능성이 존재한다. 사랑을 표현하는 행동에 대해서는 사람마다 생각이 다르다. 키코는 알렉스가 자신이 기대하는 사랑 표현 행동을 해 주지 않았다는 이유로 그가 자신을 사랑하지 않는다고 믿을 수 있다. 실상 알렉스는 스스로 생각하는 사랑 표현 행동을 모두 했다 해도 말이다. 이런 오해는 아주 빈번하다. 서로 사랑하는 두 사람이 각자의 방식으로 사랑을 표현하고 상대도 바로 그렇게 표현해 주기를 기대하기 때문에 방식이 다르면 문제가 발생하곤 한다.

마지막으로 짚어 두어야 할 점이 있다. 다이아몬드 오류는 실제보다 나쁘게 여기는 정당화되지 않는 믿음이라는 면에서 다른 오류들과 다르다고 하였다. 이러한 믿음은 기분을 전혀 좋게 만들지 않는다. 상대가 나를 사랑해 주지 않는다는 생각은 위로와 거리가 멀기 때문이다. 따라서 정당화되지 않는 이 믿음은 욕망에서 나오지 않는다. 현실 인식을 바꿔 놓는 원천이 욕망뿐인 것은 아니다. 또 다른 원천은 두려움이다. 대양에서 헤엄을 치고 있는데 삼각형으로 보이는 검은 물체가 수면에서 오르락내리락한다면 아마 상어 지느러미라 쉽게 생각할 것이다. 그 위치에서는 상어 지느러미든 바다거북이 머리든 똑같이 보인다 해도 말이다. 상어라고 생각하게끔 만드는 것은 상어를 두려워하는 마음이다. 마찬가지로 사랑하는 사람은 자기가 두려워하는 것, 즉 사랑받지 못한다는 것을 다른 무엇보다 먼저 생각하는 경향이 있다. 낯선 발자국을 보고 제일 먼저 악마를 떠올리며 두려워하던 로빈슨 크루소 사례도 마찬가지다.

모든 것을 갖고자 하기

...

사랑은 함께 바보가 되는 것이다.

— 시인 폴 발레리

인지적 오류의 복합적 사례들

 2장과 3장에서 검토한 오류들은 인지적 오류가 단순한 경우, 즉 한 사람이 정당화되지 않는 믿음 하나를 갖는 경우이다. 각 오류의 핵심 특징을 파악하기 위해 하나씩 구분지어 설명했다. 하지만 현실 삶의 연애 상황이 정당화되지 않는 믿음 하나로 설명되는 일은 거의 없다. 두 연인의 상호작용을 거쳐 단일한 혹은 여러 개의 오류가 반복되면서 자기기만 형태가 만들어지는 복합 형태의 인지적 실수가 훨씬 흔하다. 이 장에서는 인지적 실수의 네 가지 복합적 경우를 검토하며 전형적인 사랑의 상황을 살피고자 한다.

 네 경우 각각이 서로 구분되는 특징을 보이긴 하지만 공통되는 중요한 지점도 있다. 최소한으로라도 안정적인 사랑 관계를 이루려면 어느 정도의 기대를 포기하고 일정한 합의를 이뤄야 한다는 점이다. 이런 관계에 대해 보일 수 있는 태도는 세 종류이다. 관계에 헌신하며 원치 않는 결과를 받아들이는 것, 원치 않는 결과를 거부하기 위해 관계에 헌신하지 않는 것, 마지막으로 원치 않는 결과는 받아들이지 않으면서 관계를 맺는 것이다. 앞으로 살펴볼 경우들에서 공통점은 세 번째 태도가 존재한다는 것이다. 즉 매 경우에서 두 연인 중 한 명은 '모든 것을 다 갖고자 하는' 입장이다.

네 가지 경우를 다루기에 앞서 우리의 논의 범위 밖에서 흥미로운 문제가 얼마든지 제기될 수 있다는 점을 언급할 필요가 있다. 일단 여기서 도덕적 문제는 다루지 않는다. 원치 않는 결과를 받아들이지 않으면서 사랑의 관계를 맺는 것이 도덕적으로 허용 가능한지, 가능하다면 어느 정도까지 가능한지에 대해 문제를 제기할 수 있지만 우리는 이를 다루지 않을 것이다. 마찬가지로 각 경우의 특징이 제기하는 도덕적 측면에 대해서도 언급하지 않으려 한다. 사랑에 대한 다른 철학책과 달리 이 책은 도덕 교과서가 아니다. 우리가 유일하게 중시하고 다루는 것은 인지적 측면, 더 정확히 말하면 정당화되지 않는 믿음뿐이다.

네 경우와 관련해 하나 더 말해 두어야 하는 것은 선택된 등장인물들의 인지적 실수 유형에서 성별이나 성역할에는 어떠한 관련성도 없다는 점이다. 1장에서 이미 밝혔듯 우리는 실수 자체에 관심이 있지 누가 실수를 저지르는지에 대해서는 관심이 없다. 그리하여 그 주체는 남성일 수도 여성일 수도 있다. 성별은 참고가 된 자료에 따라 달리 설정되었을 뿐이다. 현실에서는 네 경우의 인지적 실수가 남성과 여성 모두에게서 동등한 확률로 나타날 수 있다.

나눠진 사랑

첫 번째로 살펴볼 인물은 안토니오 마친이 부른 쿠바 노래 〈미친 마음*Corazón Loco*〉의 주인공이다. 이 남성은 아내와 애인이라는 두 여성을 동시에 사랑하는 '나눠진 사랑'을 하면서 어떻게 미치지 않을 수 있는지 설명한다. 아내는 '성스러운 사랑', '삶의 동반자', '배우자이자 어머니'이고 애인은 '금지된 사랑', '불안을 달래 주는 사람', '포기할 수 없는 존재'라는 것이다. 다시 말해 이 남자는 안정된 관계의 편안함과 정열적 사랑의 흥분을 모두 원하고 있다. 아내와 애인은 서로 다른 감정적 역할을 담당하고 남성은 한 사람이 두 가지 역할을 모두 해낼 수는 없다고 믿는다.

나눠진 사랑의 핵심을 잡아내려면 이 이야기의 몇몇 세부 사항이 중요하지 않다는 점을 이해해야 한다. 첫째, 위 경우의 주인공이 남성이라는 것, 아내와 애인을 두는 것이 좋다는 것, 그 밖에 이 노래에 깊게 배인 마초적 분위기는 핵심과 무관하다. 중요한 것은 나눠진 사랑이 두 사람을 동시에 사랑하고 그 둘에게 일정한 믿음을 가진다는 점이다. 1장에서 정리한 사랑의 특성은 동시에 서로 다른 여러 사람을 사랑할 가능성을 배제하지 않는다는 점도 짚어 두자. 둘째, 노래 속 남성은 아내를 속이고 있고 아내는 아마 남편의 외도를 모를 테지만 우리는 이를 나눠진 사랑의 핵심 특성으로는 보지 않으려 한다. 남성은 아내를 속이지 않고 두 여자 모두와 정직한 관계를 맺을 수도 있다. 셋째, 나눠진 사랑에 대해 우리가 설명하게 될 내용은 더 복잡한 다른 상황에도 쉽게 적용된다. 남성 하나 여성 둘의 삼각관계를 넘어선 관계 말이다. 일부일처를 벗어난 사랑에 대해 흔히 폴리아모리라는 개념이 사용되는데 우리가 다루는 나눠진 사랑은 폴리아모리와 연결될 수 있다.

나눠진 사랑의 특징은 우리의 주인공 남성이 아내와 애인이 담당하는 각기 다른 감정적 역할에 모두 매력을 느낀다는 데 있다. 그는 양쪽 모두가 욕망할 만하다고 여기지만 동일한 사람이

두 역할을 다 할 수는 없다고 생각한다. 아내는 훌륭한 아내로서 갖춘 덕목들 때문에 사랑하고 애인은 훌륭한 애인으로서 갖춘 덕목들 때문에 사랑한다. 다시 말해 두 여성을 있는 그대로의 인간으로서 사랑하는 것이 아니라 특정 역할의 담당자로서 사랑하는 셈이다. 인식론적 관점에서 이는 잘못된 일이 아니다. 하지만 나눠진 사랑을 하는 사람은 이로 인해 두 여성이 실제 역할에 맞는 자질 외에 다른 역할을 위한 자질은 갖지 못하고 있다는, 정당화되지 않는 믿음을 형성하게 된다. 한 사람은 아내로서 이상적이고 다른 사람은 애인으로서 이상적이며 둘 중 누구도 상대의 역할을 똑같이 해낼 수는 없다는 것이다.

나눠진 사랑을 하는 사람을 이 책에서는 바로 위와 같이 규정한다. 하지만 이런 상황에 처한 사람이 모두 이런 믿음을 갖는다고 가정하지는 않는다. 또한 한 여성이 아내와 애인의 역할을 동시에 담당할 수 없다고 그저 마음으로만 믿는 남성의 경우도 고려하지 않는다. 이는 정당화될 수도 있기 때문이다. 더 넓게는 정당화되지 않는 믿음 없이 둘 이상의 사람을 사랑하는 폴리아모리의 경우도 고려하지 않으려 한다.

나눠진 사랑을 하는 사람의 믿음이 정당화되지 않는다는 판단의 바탕에는 그가 가치를 두는 특징이 경향으로 규정된다는 점이 있다. 좋은 아내, 혹은 좋은 애인이 된다는 것은 특정 상황에서 특정하게 행동하는 경향이 있다는 것이다. 매일 함께 아침을 먹는다든지, 자녀를 돌본다든지 하는 특정 행동 때문에 그는 아내가 좋은 아내라고 믿는다. 애인 역시 열정적인 사랑을 한다든지, 비밀스러운 꿈을 털어놓을 때 귀를 기울인다든지 하는 특정 행동 때문에 좋은 애인라는 믿음을 갖는다. 지금까지는 믿음이 정당화될 수 있으므로 잘못된 것이 없다. 하지만 나눠진 사랑을 하는 사람이 두 여성이 서로의 역할을 바꿔할 수 없다고 믿는다면, 실제 상황에서 두 여성이 관련 특징을 보이지 않는다는 사실에 기반하지 않는 한, 이는 정당화되지 않는다. 겉으로 발현되지 않았을 뿐 두 여성에게는 반대쪽 특징이 존재할 수 있다. 1장에서 언급했듯 특정 상황에서 드러내지 않는다 해도 경향은 있을 수 있는 것이다.

나눠진 사랑을 하는 사람의 믿음이 참일 수도 있다는 점을 기억하자. 두 여성이 정말로 상대의 역할을 할 수 없다면 그렇다. 하지만 그렇다고 믿음이 정당화되지는 않는다. 두 여성의 특징이 아주 비슷한데 맡은 역할에 따라 일부의 특징만 드러내고 있을 가능성도 있다. 예를 들어 아내인 여성이 결혼을 하지 않았다면 다른 남자에게는 열정적인 애인이 될 수 있다는 것이다(실제로 다른 남자의 열정적 애인일 가능성도 있다). 마찬가지로 애인인 여성이 누군가의 사랑스러운 아내일 수도 있다.

아내와 헤어지고 애인과 함께 살기로 결정했을 때 남성에게 어떤 일이 벌어질지 상상해 본다면 나눠진 사랑을 하는 사람의 인지적 결함이 분명해진다. 애인은 결국 아내 역할을 하기 시작할 가능성이 크다. 남성은 나눠진 사랑을 끝내거나 다른 애인을 찾게 될 것이고 말이다. 후자의 상황에서 남성은 과거의 애인을 이상적 아내로, 두 번째 애인을 이상적 애인으로 보기 시작할 것이다. 하지만 이는 과거의 애인을 이상적 애인이라고 여겼던 사실과 충돌하는 생각일 수밖에 없다. 나눠진 사랑을 하는 사람은 주어진 역할을 하는 여성이 그 역할에 이상적이라고 늘 생각한다. 달리 말해 특정 상황에서 한 역할에 적합하고 다른 역할에 적합하지 않다고 믿은 이유는 오로지 그 상황에서 그 사람이 한쪽 역할만 담당했던 탓인 것이다.

공주 유형

신데렐라 이야기가 어떻게 끝나는지는 누구나 알고 있다.

신데렐라는 얼굴과 손을 깨끗이 씻고 왕자 앞에 나아갔다. 의자에 앉아 무거운 나막신을 벗고 황금 구두에 발을 넣었더니 딱 맞았다. 자리에서 일어선 신데렐라의 얼굴을 본 왕자는 함께 춤추었던 아름다운 처녀를 바로 알아보았고 "이 사람이 내 신부요!"라고 외쳤다. 계모와 두 딸은 기절초풍을 하며 분노로 창백해졌다. 왕자는 신데렐라를 자기 말에 태우고 출발했다.

― 그림 형제, 《신데렐라》

결국 모든 것은 신데렐라에게 좋은 방향으로 풀린다(최소한 저자들이 생각하기에 좋은 방향으로 말이다). 왕자가 와서 구해 주는 것이다. 하지만 이건 동화에서만 가능한 일이다. 현실 삶에는 왕자가 나타날 수 없다. 존재하지 않는 사람이어서 그렇다. 현실의 남자들은 왕자와 전혀 다르다. 그만큼 신분이 고귀하지도, 덕이 넘치지도, 잘생기지도, 그리고 다른 무엇보다도 단서라고는 신발뿐인 상황에서 여성을 찾느라 모든 노력을 기울이지도 않는다. 그럼에도 왕자가 존재하는 것처럼 행동하는 사람들이 있다. 우리가 '공주 유형'이라 이름 붙인 이런 인물은 행동으로 정의된다. 공주 유형은 왕자가 존재하는 것처럼, 누군가 자기 욕망을 모두 만족시켜 줄 것처럼 행동하는 사람이다.

공주 유형은 나눠진 사랑을 하는 사람과 명백한 차이가 있다. 나눠진 사랑을 하는 사람은 한 명이 자기 욕구를 모두 만족시켜 주리라 생각하지 않기에 서로 다른 상대에게서 서로 다른 욕망을 채우려 한다. 반면 공주 유형은 자기 모든 욕망을 만족시킬 한 사람이 존재할 수 없다는 점을 받아들이지 않는다. 어딘가의 누군가는 자기가 원하는 모든 것을 주는 왕자이리라 생각한다. 물론 왕자를 찾기 어렵다는 점은 안다. 그렇게 비범한 특징을 지닌 사람이 바로 옆 골목에서 기다리고 있으리라 기대할 수는 없는 노릇이니 말이다. 하지만 세심하게 살피면서 인내심을 발휘하면 행운이 찾아올지 모른다고 여긴다. 공주 유형은 늘 마음속에 왕자를 두고 있으므로 사랑 관계도 일정한 반복 형태를 띤다. 희망과 열정으로 시작되었다가 ('바로 저 사람일지 몰라!') 시도와 검증의 시기를 거쳐 ('정말 이 사람이 맞을까?') 슬프고 실망스러운 결말을 맞는다('이 사람은 아니었어.'). 꿈꾸는 남자를 찾고자 하는 열망은 충족될 수 없는 기대로 계속 좌절된다.

이런 공주 유형은 최소 세 가지 경우를 포함한다. 첫째, 왕자가 존재한다고 믿게끔 사회화되었기 때문에 왕자의 존재를 믿을 수 있다. 자라면서 로맨틱 코미디와 드라마를 엄청나게 많이 접한 끝에 공주 유형은 왕자 같은 남자가 정말 존재한다고 기대하게 되고 그런 남자가 나타나 자기를 선택해 줄 때까지 기다리는 것이 최선이라는 결론에 이른다. 이러한 공주 유형은 정당화되지 않는 믿음을 갖고 있다. 왕자 같은 사람이 존재한다고 생각할 이유가 없으니 말이다. 하지만 그 믿음은 정당화되지 않는 다른 믿음들이 그렇듯 사회 환경이 만들어 준 것이고[1] 따라서 여기서 흥미로운 인지적 실수는 존재하지 않는다.

둘째, 왕자가 존재하기를 욕망하기 때문에, 완벽한 남자와 함께하고 싶기 때문에 공주가 왕자의 존재를 믿는 경우가 있다. 이때 공주는 희망적 사고에 빠진 것이다. 그 욕망이 비이성적이라 볼 수는 없지만 (완벽한 남자와 함께하고 싶은 사람이 얼마나 많은가.) 믿음은 정당화되지 않는다. 왕자가 존재할 것이라 생각할 이유는 전혀 없다. 왕자가 존재한다고 믿는 이유는 오로지 공주 유형 자신이 그것을 욕망하기 때문이다.

위 두 경우는 쉽게 결합된다. 한편으로 왕자의 존재를 믿도록 사회화된 공주는 왕자와 함께하기를 욕망할 가능성이 높고 희망적 사고를 통해 믿음을 강화하게 된다. 다른 한편 왕자와 함께하려는 욕망 때문에 왕자의 존재를 믿는 공주는 사회에 널리 퍼진 이상적 행동 모델을 통해 믿음을 한층 더 굳건히 할 수 있다.

셋째 경우는 퍽 다르다. 공주 유형이 왕자와 함께하려는 욕망이 없는 상태에서 왕자의 존재를 믿는 것이다. 왕자의 존재에 대한 믿음은 그 누구와도 함께하고 싶지 않다는 사실, 받아들이고 싶지 않은 그 사실을 정당화하는 데 도움이 된다. 이 공주 유형은 자신과 친구들에게 누군가와 함께하고 싶다고 말한다. 하지만 실제로 만나는 남성은 모두 거부하며 불가능할 정도의 높은 기준을 내세운다. 왕자만이 통과할 수 있을 만한 기준이다. 다시 말해 왕자는 공주 유형의 관계 실패를 설명하기 위해 도입된 핑계이다. 여기서 인지적 실수는 최악의 설명을 추론하는 데 있다. 홀로이고 싶어 홀로라는 것을 인정하는 대신 기분을 좋게 만드는 다른 설명을 찾는 것이다.

세 경우 모두에서 공주 유형은 왕자가 존재한다는 정당화되지 않는 믿음을 지닌다. 하지만 그 어느 경우에서도 공주 유형이 자신의 믿음을 인정하는 것이 핵심적이지 않다. 물론 공주 유형이 꽤 부주의한 성격이라면 대놓고 왕자 같은 남성이 존재한다고 주장할 수 있다. 하지만 그렇게 밝히기를 꺼려하여 자기 믿음을 끝내 알지 못할 가능성도 크다. 1장에서 보았듯 사람은 자기 마음 상태를 잘못 알 수 있다. 왕자의 존재를 믿는 공주 유형은 자신이 왕자의 존재를 믿고 있음을 믿지 않을 수도, 더 나아가 심지어는 왕자의 존재를 믿지 않는다고 믿을 수도 있다. 세 번째 경우에 공주 유형은 자기 욕망에 대해 정당화되지 않는 믿음까지 가질지 모른다. 왕자가 존재하기를 욕망하고 왕자와 함께하기를 욕망한다고 믿으면서도 막상 현실에서는 그런 욕망이 전혀 없는 것이다.

왕자의 존재에 대한 정당화되지 않는 믿음은 공주 유형에게 부정적인 결과를 가져올 수 있다. 가장 충격적인 효과는 앞서 보았듯 실제로 만나는 모든 남성을 거부하도록 만들어 결국 혼자 남을 확률을 높인다는 것이다. 첫째와 둘째 경우에는 공주 유형이 홀로이기를 바라지 않는 상태이므로 문제가 더욱 심각하다. 왕자의 존재를 믿지 않았다면 거절해 버린 남성 중 몇몇은 충분히 훌륭한 후보였음을 인정했을 텐데 말이다.

왕자의 존재에 대한 믿음이 낳는 다른 효과, 덜 구체적이지만 해악은 전혀 덜하지 않은 또 다른 효과는 공주 유형이 남성과 관계를 맺으면서 행동하는 방식과 관련된다. 위의 세 경우 모두에서 공주 유형은 진짜 남성과 수개월 혹은 수년을 사귈 수 있다. 하지만 상대를 왕자와 끊임없이 비교함으로써 불필요한 갈등이 생겨나고 결국 관계가 망가질 수 있다. 예를 들어 특정 상황에서 상대가 세심하게 배려하거나 낭만적인 행동을 보이지 않았다고 실망하거나 슬퍼할 수 있다. 자신은 그렇게 행동하지 않으면서 말이다. 그리고 다이아몬드 오류에서 그랬듯 상대가 자신을 왕자처럼 사랑해 주지 않는다는 이유로 충분히 사랑하지 않는 것이라는 결론을 쉽게 내리고 만다.

돈 후안 유형

부인, 여기 명단이 있습니다
저희 주인님이 사랑한 미인들의 명단이죠.
제가 직접 만든 명단입니다요.
자, 함께 보실까요.
이탈리아에 640명,
독일에 231명,
프랑스에 100명,
터키에 91명,
스페인에는 무려 1003명!
여기에는 농사꾼, 하녀, 시민,
백작부인, 남작부인, 후작부인, 공주가 다 있습니다.
온갖 계층과 외모, 연령의 여자들이 골고루 다요!
— 로렌초 다 폰테, 《돈 조반니 Don Giovanni》

모든 것을 다 갖고자 하는 세 번째 경우는 사랑 관계를 가능한 한 많이 만들려 하는 사람들이다. 이들은 사랑에서 가장 강렬하고 짜릿한 유혹의 순간을 무수히 경험하고픈 욕망에 따라

움직인다. 같은 사람과 그런 순간이 영원히 지속되기는 불가능하므로 유일한 방법은 다른 상대들과 반복해서 그 순간을 경험하는 것이다. 상대를 계속 바꾸게 만드는 또 다른 욕망은 수집가적 욕망이다. 정복한 상대의 수와 다양성에서 기쁨을 느끼는 것이다. 결국 이런 사람들은 남에게 자기 권력을 시험하는 데서 만족을 느낀다. 하지만 우리는 이런 성향의 심리적 근본 원인을 살피지는 않겠다. 우리 관심사는 행동에 있으니 말이다.

이런 태도의 최고봉은 스페인 귀족 돈 후안이다. 그는 유혹하는 능력으로 유명한 전설적 방탕아이다. 문학과 음악 작품에 등장하면서 명성이 높아졌는데 위에 소개한 오페라 작품도 그중 하나이다. 이 인물이 어떻게 그려지는지 자세히 다루지는 않겠다. 그와 관련해 제기할 수 있거나 지금까지 제기되어 온 철학적 문제도 고려하지 않겠다. 우리의 목적을 위해서는 '돈 후안 상황'이라 부를 수 있는 이 상황이 돈 후안 유형과 희생자라는 두 사람을 포함한다는 것으로 충분하다.

돈 후안 상황에서 핵심은 돈 후안이 희생자와 사랑에 빠진 양 행동하고 그 결과 희생자가 그 사랑을 믿게 된다는 것이다. 돈 후안이 이네스의 마음을 사기 위해 늘어놓는 현란한 은유를 보자.

내 안에서 꺼지지 않고 타오르는 이 불길은

점점 커져만 가며 송두리째 나를 삼켜 버리네.

……

꺼뜨려 보고자 헛되이 애써 보지만

그저 시간만 흐르고

그 광폭함은 두 배로 커져

이제는 화롯불이 아니라 화산이라네.

분화구 한가운데 매달려

혈혈단신 싸우는 나는

내 무덤과 내 이네스 사이에 있네.

……

이네스, 내 영혼의 영혼! 내 삶의 영원한 목적지여!

대양의 해초 사이 깊숙한 곳에 감춰진

조개껍질 없는 진주여!

— 호세 소리야, 《돈 후안 테노리오*Don Juan Tenorio*》

    돈 후안이 희생자와 사랑에 빠진 양 행동한다고 하는 말이 그가 거짓말을 하고 있다는 말과 똑같지는 않다. 정말로 자신이 희생자와 사랑에 빠졌다고 확신하기 때문에 그런 행동이 나왔을 수도 있다. 설령 그 확신이 너무도 빨리 사라져 버린다 해도 말이다. 돈 후안이 믿든 안 믿든 희생자가 그의 사랑을 믿는다는 것이 핵심이다. 돈 후안의 성공은 희생자가 그의 사랑을 믿도록 유혹하는 데 달려 있기 때문이다. 이러한 면에서 돈 후안은 연애 게임을 즐기지 못하는 평범한 바람둥이들과 다르다. 바람둥이의 성공은 성적 도발, 대화 기술이나 돈 등에 좌우될 뿐, 상대가 사랑을 확신하도록 만들려는 의도가 없다.

인식론적 관점에서 돈 후안 상황을 살펴보자. 첫째, 돈 후안은 인지적 실수를 저지르지 않는다. 희생자가 자신과 사랑에 빠지기를 욕망한다. 특정 방식으로 행동하면 욕망하는 결과를 얻게 되리라는 정당화된 믿음도 있다. 그리하여 그는 욕망과 믿음에 따라 행동한다. 물론 돈 후안 또한 잠시나마 자신이 희생자와 사랑에 빠졌다고 믿을 수 있으나 이 추가적인 믿음은 정당화되지 않는다. 그렇지만 앞서 보았듯 돈 후안이 자신의 사랑을 믿는지 여부는 중요하지 않다. 어찌 되었든 그는 그런 것처럼 행동하기 때문이다. 돈 후안이 자기 사랑을 믿지 않는다 해도 그의 인지는 완벽하게 이성적이다.

돈 후안의 행동이 인식론적 관점에서 죄가 없다고 하는 것이 심리적 관점에서 문제 없다는 뜻은 물론 아니다. 하지만 우리는 심리적 근본 원인에 대해서는 설명할 생각이 없다. 마찬가지로 돈 후안이 인식론적 관점에서 죄가 없다고 하는 것이

도덕적 관점에서 결백하다는 말도 아니다. 결국 그는 자기 사랑의 경향을 과장함으로써 혹은 있지도 않은 사랑의 경향을 가장함으로써 희생자를 속인 것이다. 하지만 우리는 도덕적 문제를 다루지 않으며 일반적 기만보다는 자기기만에 특별히 관심을 갖고 있다.

이제 희생자 쪽을 보자. 돈 후안과 달리 희생자는 정당화되지 않는 믿음을 지닌다. 돈 후안이 자신과 사랑에 빠졌고 자신과 함께하고 싶어 한다고 믿는 것이다. 이들 정당화되지 않는 믿음은 돈 후안이 속였다는 데서 최소한 부분적으로는 기인한 것이고 이 점에서는 희생자가 비난받을 수 없다. 하지만 희생자 역시 자신을 속이고 있다. 부정적 증거, 즉 돈 후안이 예전에 수많은 다른 여성을 유혹하고는 버렸다는 점을 과소평가하기 때문이다. 여기서 우리는 돈 후안이 이미 악명을 떨치고 있으며 희생자도 이 점을 안다고 가정한다.

희생자는 3장의 세번째 오류로 다루었던 희망적 사고의 덫에 걸린 것이다. 모든 것을 고려할 때 돈 후안이 자신과 사랑에 빠졌거나 자신과 함께하고 싶어 한다고 믿어서는 안 된다. 관계의 시작 단계에서는 혹시 그랬다 할지라도 말이다. 돈 후안의 과거 행적은 그런 믿음을 갖지 못하게 하는 강력한 증거가 된다. 현재의 행동이 아무리 달콤하다 해도 그렇다. 희생자가 돈 후안이 자신과 사랑에 빠졌고 자신과 함께하고 싶어 한다고 믿는다면 이는 오로지 자신이 그것을 욕망하기 때문이다.

희망적 사고의 효과는 합리화의 다른 형태와 자주 결합된다. 희생자는 '나와의 관계에서는 다를 거야'라거나 '그 사람이 달라질 거야' 같은 생각으로 자기 믿음을 합리화하려는 경향이 있다. 키르케고르가 쓴 《유혹자의 일기》에서처럼 말이다. 이 책은 순결한 코델리아를 은근히 유혹해 결국 자기한테 빠지도록 만드는 요하네스의 이야기이다. 약혼하자마자 요하네스는 거리를 두면서 코델리아가 약혼에 의문을 제기하도록 하려 한다. 하지만 코델리아는 그의 변화에도 한층 열정을 불태우면서 요하네스가 변화해 전처럼 자신을 사랑하게 될 것이라 확신한다.

> 당신이 정말로 저를 사랑했다는 걸 전 알아요. 어떻게 알게 된 것인지는 모르겠지만 말이죠. 아무리 오래 걸린다 해도 전 기다릴 거예요. 당신이 다른 여자를 사랑하는 데 지칠 때까지 기다리고 또 기다리겠어요. 그때가 되면 저에 대한 당신 사랑이 무덤에서 다시 자라날 테고 전 언제나처럼, 전에 그랬듯 당신을 사랑할 거예요. 그래요, 요하네스, 전에 그랬듯이! 지금의 냉정함과 무심함이 정말로 당신의 본성인가요? 그 넘치던 사랑이 거짓이고 가짜였나요? 제 사랑을 참아 줘요. 계속 당신을 사랑하는 저를 용서

해 줘요. 제 사랑이 당신에게 짐이 되는 걸 알지만 그럼에도 언젠가는 당신도 당신의 코델리아에게 되돌아올 때가 올 거예요.
— 쇠렌 키르케고르, 《유혹자의 일기 *The Seducer's Diary*》

감정 테러리즘 유형

마지막으로 검토할 것은 인지적 관점에서 가장 복잡하고 감정적 관점에서 가장 파괴적인 경우이다. 이 경우에 나타나는 행동은 로페 데 베가의 희극 《과수원지기의 개》에 잘 드러나 있다. 극의 제목은 그리스 우화에서 나온 은유이다. 과수원을 지키는 개는 넘쳐 나는 채소나 과일에 입도 대지 않지만 그것을 훔치러 오는 사람을 보면 결사적으로 쫓아낸다. 자기한테 소용없는 것을 남들도 갖지 못하도록 하는 악질적인 행태이다. 희극 작품의 내용은 이렇다. 거만한 백작부인 디아나가 미남 비서 테오도로와 사랑에 빠진다. 테오도로는 하녀 마르셀라의 연인이다. 백작부인은 테오도로와 마르셀라의 결혼을 허락할 뜻이 없지만 그렇다고 자신이 테오도로와 결혼하고 싶지도 않다.

테오도로는 열정적인 사랑 후 디아나에게 거부당하고 친구

트리스탄에게 어떻게 생각해야 할지 모르겠다고 말한다.

모르겠어, 트리스탄, 미칠 것 같아.
나한테 홀딱 빠지더니 다음 순간 등을 돌려 버리네.
날 선택하지도, 내가 마르셀라와 맺어지게도 하지 않으실 거야.
내가 거리를 두면 결국 가까이 부를 이유를 만들어 내시겠지.
부인은 과수원지기의 개야.
자기는 안 먹으면서 남들도 못 먹게 하지.
들어오지도 않고 나가지도 않아.

— 로페 데 베가, 《과수원지기의 개 *El perro del hortelano*》

그리고 테오도로는 디아나에게 이렇게 말한다.

느끼긴 해도 이해는 못하겠어요.
부인의 말은 이해하지 못하지만
따귀를 때리시는 건 느낄 수 있죠.
제가 부인을 사랑하면 화를 내시겠죠.
사랑하지 않아도 화를 내실 테고요.
제가 잊어버리면 편지를 쓰시겠죠.
제가 기억하면 귀찮아하실 테고요.

제가 당신을 이해하기를 바라시지만

제가 당신을 이해하면 또 저를 바보라고 하시죠.

삶과 죽음의 양극단 사이

행복한 중간 지점을 주세요.

— 로페 데 베가, 《과수원지기의 개》

디아나와 테오도로는 앞으로 '감정 테러리즘'이라 부를 행동의 전형적 사례를 보여 준다. 디아나가 감정적으로 테오도로를 공격하기 때문이다. 이 두 인물에서 영감을 얻어 이후로는 '가해자'와 '피해자'라는 단어를 사용하겠다.

두 연인 중 한 명이 다가가면 도망가고 멀어지면 다가오는 식으로 상대를 애태우는 모습은 흔히 볼 수 있다. 어느 정도 범위 내라면 이는 흔한 유혹 전략이다. 혹은 최소한 다른 전략과 함께 동원되는 유혹의 요소이다. 하지만 이것이 지배적인 역할을 한다거나 반복적으로 등장한다면 감정 테러리즘이 된다. 과수원을 지키는 개와 마찬가지로 가해자는 피해자를 이도 저도 아닌 상태로 만든다. 가해자의 사랑을 받는 것도, 다른 사람을 사랑할 수도 없는 상태이다. 가해자와 피해자 사이에 발전되는 관계의 특징적 형태는 가해자에게 거부당한 피해자가 떠나려 할 때 가해자가 다시 다가가며 통제권을 회복하는 것이다. 피해자가 항복하면 가해자는 다시금 상대를 거부한다. 이 과정은 계속 반복될 수 있고 이런 관계가 수개월, 심지어 수년씩 이어지기도 한다. 관계가 유지되는 동안 피해자는 가해자의 약속에 대한 확신을 점점 잃어버리고 가해자는 저항을 이겨 내기 위해 사랑을 더 강렬하게 표현한다. 예를 들어 피해자가 함께 있어 주지 않으면 슬퍼하고 피해자가 떠나려는 마음을 포기하면 기뻐하는 식이다. 이런 식으로 가해자는 승리를 거듭하게 된다.

가해자는 모든 것을 갖고자 하는 태도의 특별한 유형을 보여 준다. 한편으로는 피해자의 모든 것을 원한다. 끊임없이 자기 영향력을 확인하려 하며 상대의 인내를 한계까지 밀어붙인다. 피해자가 가해자의 약속을 점점 믿지 못한다는 사실은 그저 게임을 한층 더 도전적으로 만들 뿐이다. 피해자의 저항을 계속 꺾어 버리면서 가해자는 장애물을 무한히 극복할 수 있다는 느낌을 얻고 상황을 지배하려는 욕망을 충족시킨다. 다른 한편으로 가해자는 아무 방해 없이 피해자를 소유하고 싶어 하지 않는다. 상대를 가졌다가 놓아 주었다가 되찾기를 원한다. 가진 상태와 놓친 상태 어느 것도 가해자에게는 완전히 만족스럽지 않다. 아마 한 상태에서 다른 상태로 전환되는 것, 혹은 두 상태 사이를 오가는 것이 만족감을 주는 듯하다. 결국 이러한 전환과 오고감은 계속 이어진다.

감정 테러리즘의 핵심적 특징은 가해자가 최소한 어느 정도까지는 피해자를 사랑한다고 믿는다는 데 있다. 물론 가해자도 자신이 때로 의도적으로 피해자로부터 등을 돌린다는 점을 안다. 하지만 그럴만한 이유가 있기 때문이라 믿는다. 예를 들어 다른 사람에게 헌신하고 있기 때문에, 아주 힘든 사랑에서 막 빠져나와 성찰할 시간이 필요하기 때문에, 하고 있는 일이 너무 힘겹기 때문에, 진지한 관계에 몰입할 준비가 되지 않았다고 느끼기 때문에, 심지어는 자기 사랑이 너무 커서 평범한 관계의 경계 안으로 그 사랑을 '축소'하거나 '제한'하기 싫기 때문에 등등의 이유로 등을 돌리는 것이라 믿는다.

  가해자가 대는 이유에 충분한 근거가 있을 수 있다. 정말로 문제가 있는지도 모른다. 하지만 자기 문제를 핑계거리로 삼으면서 그 문제 극복에 전혀 노력하지 않는다는 점은 엄연한 사실이다. 문제는 가해자에게 오히려 좋은 것이다. 한 가지 문제가 사라지면 가해자는 곧 다른 문제를 찾아내 계속 피해자를 애태울 것이다. 감정 테러리즘 관계가 구애, 거부, 타협, 진전과 퇴각으로 특징지어지는 이유, 연인간 긴장도가 절대 줄어들지 않고 늘 증가하는 이유가 여기 있다.

  심리적 관점에서 볼 때 가해자와 피해자는 모두 어느 정도 비정상이다. 한편으로 가해자는 피해자를 소유하고 조종하는 데에서만 기쁨을 얻고 피해자의 저항이 야기하는 도전에서 만족감을 느낀다. 다른 한편 피해자는 약물 의존과 비슷한 일종의 중독 상태에 갇힌다. 괴로움에 시달리고 때로 미치광이 상태가 되면서도 가해자와의 관계에서 감정적 보상을 얻고 거기서 빠져나가지 못하기 때문이다. 이 상황은 가해자의 통제 하에 놓이는 정신적 덫을 만들어 낸다. 이 상태의 심리적 측면에 대해 깊이 다루지는 않겠다. 우리 목표는 감정 테러리즘을 특징짓는 정당화되지 않는 믿음을 규명하는 데 있으니 말이다.

돈 후안 상황과 대조적으로 감정 테러리즘에는 양측 모두에 비합리성이 존재한다. 가해자와 피해자 양쪽 모두가 정당화되지 않는 믿음을 지니고 자신을 속인다. 우선 가해자를 보자. 가해자에게는 정당화되는 믿음도 있다. 피해자가 자신을 사랑한다는 믿음, 특정 방식으로 행동하면 특정 결과를 얻게 된다는 믿음 등이 그렇다. 동시에 정당화되지 않는 믿음도 있다. 자신이 정말로 피해자를 사랑한다고 믿을 수 있다. 중요 순간에는 사랑의 경향을 드러낼 수도 있지만 가해자의 행동은 실제 연인과 다르다. 첫째, 가해자가 보이는 사랑의 경향은 지속적이지 않고 피해자를 다시 차지하고 싶을 때에만 나타난다. 둘째, 자기 이익에 반하는 행동을 감수하는 등 특징적인 사랑의 경향을 보이지 않는다. 셋째, 연인들에게는 전형적으로 나타나지 않는 경향, 예를 들어 관계가 안정되기 시작할 때 등을 돌려 버리는 경향을 보인다.

사랑의 경향이 부재한다는 점은 가해자의 사랑에 명백히 의문을 제기하도록 하지만 그럼에도 가해자는 자신이 피해자를 사랑한다고 굳게 믿는다. 이 믿음은 두 가지 욕망에서 나오는 것으로 보인다. 하나는 정말로 자신이 피해자를 사랑했으면 하는 욕망이다. 다른 하나는 잃어버린 무언가를 되찾고자 하는 욕망이다. 특정 순간에는 피해자가 더 이상 자기 곁에 없어 후회스럽게 느끼기 때문이다. 가해자가 자신을 잘못 파악한 것은 희망적 사고와 잃어버린 사랑의 오류 탓인 셈이다. 여기 개입된 희망적 사고는 비뚤어진 형태이다. 가해자는 사랑하고 싶기 때문에 사랑한다고 믿지만 호혜적 사랑에 기반한 안정적 관계, 희망적 사고의 정상적 경우는 욕망하지 않는 것이다.

가해자는 합리화의 오류 또한 저지른다. 자기 행동의 많은 부분이 피해자를 사랑한다는 자기 믿음과 합치되지 않는다는 점을 알기 때문에 연인 관계를 방해하고 사랑을 다 드러내지 못하게 만드는 문젯거리들로 설명을 시도한다. 물론 정말로 문제가 존재할 수도 있다. 하지만 사랑에 관여되지 않는 것들까지도 자기 행동을 정당화하기 위해 사용한다는 게 핵심이다.

이제 피해자를 보자. 피해자는 가해자와 마찬가지로 자신이 가해자를 사랑하고 가해자도 자신을 사랑한다고 믿는다. 전자는 정당화되지만 후자는 정당화되지 않는다. 결국 가해자와 피해자 사이의 주된 차이는 가해자가 상대를 제대로 알고 자신은 모르는 반면 피해자는 자신을 제대로 알고 상대를 모른다는 데 있다. 이 인식론 구도는 상호보완적이다.

이야기의 시작 단계에서 피해자에게는 가해자의 사랑을 믿도록 해 주는 긍정적 증거들만 있고 부정적 증거는 없을지도 모른다. 하지만 관계가 진행되면서 부정적 증거가 끊임없이 늘어나 결국 긍정적 증거를 압도하기에 이른다. 앞서 말했듯 일부 긍정적 증거는 늘 거기 존재한다. 가해자가 간혹 사랑의 경향을 드러내고 사랑한다고 계속 말하는 것이다. 하지만 부정적 증거가 크게 늘어나면 믿음을 폐기해야 한다. 그 시점에서도 가해자가 자신을 사랑한다고 계속 믿는다면 이는 그저 정말 그러기를 바라는 욕망 때문이다. 피해자도 가해자와 마찬가지로 희망적 사고라는 실수를 저지르는 것이다.

피해자는 또 다른 자기기만, 약물 중독에 전형적으로 나타나는 자기기만의 희생양이 된다. 가해자와 함께 있을 때는 가해자가 자신을 사랑한다고 믿고 떠나기로 결심했을 때는 자신이 더 이상 가해자 영향력 아래 있지 않다고 믿는 것이다. 가해자에게서 충분히 멀어졌다고 느끼는 순간 피해자는 '다 끝났어. 두 번

다시 만나지 않을 거야', '다시 보게 되어도 날 갖고 놀지 못하게 하겠어', '난 이제 벗어났어. 지금부터는 친구 사이일 뿐이야'라고 생각한다. 하지만 이를 믿을 근거는 없다. 가해자로부터 벗어나고자 했던 시도가 처참하게 실패해 버린 과거 경험들 때문이다. 그러니 이 믿음은 그저 정말 그러기를 바라는 욕망에서 나오는 것이다.

오래 전, 이 책이 본격적으로 쓰이기 전에 내 친구 한 명이 가해자 여성과의 오랜 관계를 막 청산했다고 말한 일이 있었다. 친구는 마침내 벗어났다면서 상대가 다시는 돌아오지 않을 것이라 확신했다. 우리는 미심쩍다는 반응을 보였지만 친구는 향후 상황을 계속 알려 주겠다며 자신만만해했다. 몇 개월 후 이 장을 집필하고 있을 때 친구가 다시 나타나 연인과 다시 시작했으며 모든 것이 다 잘 되었다고 말했다. 전에 그랬듯 이번에도 친구는 파괴적 순환이 끝났다고, 상황을 충분히 통제할 수 있다고 장담했다. 안타깝게도 일은 그렇게 흘러가지 않았다. 몇 주 후 그는 자신이 다시 덫에 빠졌고 전처럼 고통받고 있다고 인정했다.

가해자는 되돌아온다. 변한 것은 전혀 없다. 피해자는 쉽게 항복하고 전처럼 자신을 속인다. 가해자가 자신을 사랑한다는 환상은 계속 힘을 키워 이와 반대되는 새로운 증거를 처리해 버린다. 자신이 탈출할 수 있다는 환상도 마찬가지다. 정당화되지 않는 두 믿음 각각이 과거의 정당화되지 않는 믿음을 지지하는 부정적 증거를 극복해야 하는, 인지적으로 극적인 상황이다. 피해자는 자기기만의 소용돌이에 빠지고 정당화되지 않는 믿음들이 또 다른 정당화되지 않는 믿음들을 대체하면서 믿음의 힘이 점점 커진다. 덫에 걸렸다는 느낌이 든다. 터널 속에서 출구가 보이지 않는 것과 같다. 그 결과 피해자는 큰 고통을 받고 자기 존중감을 잃어버리며 이는 다시 합리화와 희망적 사고의 필요성을 강화하고 만다.

이 상황을 극도로 복잡하게 만드는 것은 가해자와 피해자 사이의 상호작용이다. 피해자는 자기 믿음들이 계속 강화되기를 원한다. 어떤 순간에는 가해자가 자신을 사랑한다고 믿고 싶어 하고 다른 순간에는 자신이 더 이상 가해자의 영향력 아래 있지 않다고 믿고 싶어 한다. 가해자는 이 욕구를 잘 알고 있으므로 피해자가 정당화 근거를 찾을 수 있게끔 행동을 조절한다. 때로는 사랑의 표현을 강화하고 때로는 거부하며 거리를 둔다. 이렇게 하여 상황이 오래 지속된다. 실제로 가해자와 피해자는 둘의 관계가 영원히 지속될 수 있으리라 생각하기도 한다.

이것이 마지막 환상, 명백한 착각이다. 관계가 영원히 이어지지 못하리라 생각할 증거가 넘치도록 많기 때문이다. 그런 상황에 갇힌 것이 두 사람뿐이 아니라는 것도, 조만간 한쪽이 거기서 탈출하리라는 것도 안다. 영원히 지속되리라 믿는다면 그것을 욕망하기 때문이다. 참으로 괴상해 보이긴 해도 말이다. 가해자는 피해자를 손아귀에 넣는 것이 욕망을 만족시켜 주기에 관계 지속을 욕망한다. 피해자는 희생양인 상황에서도 이를 욕망하는데 이는 담배를 욕망하고 싶지 않으면서도 담배를 욕망하는 흡연자와 닮은 모습이다. 혹은 정말로 모순적인 믿음을 지닌 탓에 일종의 인지적 마비 상태에 빠진 것일 수도 있다. 이 모순이 낳은 자기기만의 형태가 힘을 잃었을 때에야 피해자는 자신을 옭아매던 덫에서 마침내 해방될 수 있다.

사랑이 떠나갈 때

...

중단했던 사랑을 두 번째로 다시 하는 것은 불가능하다.

― 라 로슈푸코

사랑의 끝

사랑은 영원하지 않다. 두 사람이 서로를 사랑할 때 그 사랑은 한정된 시간 동안 발전하다가 종료된다. 로미오와 줄리엣처럼 극히 비극적인 경우에는 외적인 힘에 의해 사랑이 끝난다. 하지만 가문의 전통을 깨뜨렸다는 이유로 연인들이 죽게 되는 일은 흔치 않다. 대부분의 연인들은 사랑의 종말을 목격하기에 충분할 만큼 오래 산다. 감정이 식다가 결국 사라지기까지 말이다.

1장에서 언급했듯이 사랑은 의지와 무관하다. 사랑이 식는 상황에서 당사자가 할 수 있는 일은 없다. 계속 사랑하겠다고 단순하게 결정할 수는 없다. 마찬가지로 상대의 사랑이 식었다고 내 사랑 또한 의지로 없앨 수도 없다. 한쪽의 사랑이 끝나는 것이 상대에게 그토록 고통스러운 이유가 여기 있다. 다음 노래가 보여 주듯 그 고통은 오래 지속되기도 한다.

> 원하는 것을 얻을 수 있다면
> 20년 전처럼 당신이 나를 사랑하도록 하고 싶네.
> 멀어져 가는 사랑을 바라보는 건 얼마나 슬픈지.
> 가혹하게 뜯겨 나가 버린 영혼의 한 조각 같은 그 사랑을.
> ― G. 아람부루, 〈20년 *Veinte años*〉

이런 노래는 아주 많다. 내 감정이 더 이상 보답받지 못한다는 깨달음이 야기하는 고통은 다양한 슬픔의 원천이다. 쓰디쓴 슬픈, 절망적인 슬픔, 애절한 슬픔, 찢어지는 슬픔 등등. 심리학자들은 연인과의 이별을 사별 경험과 비교하기도 한다. 삶의 일부로 여기던 사람을 잃어버린다는 측면이 동일하기 때문이다. 슬픔이라는 감정 앞에서 상실을 부정하는 반응도 나타나는데 이는 불의에 분노로, 혹은 위험에 두려움으로 반응하는 것과도 같다.

하지만 연인과의 결별이 인식론적 관점에서 특별히 흥미롭지는 않다. 물론 혼자 남아서도 여전히 상대를 사랑하는 사람은 처음에는 변화를 받아들이려 하지 않을 테고 희망적 사고에

쉽게 빠져들 것이다. 이런 상황에서는 상대가 혼란을 겪는 거라고, 상대의 말을 액면 그대로 받아들이지 않아야 한다고, 상대가 어려운 시기를 거치는 중이라고 생각하는 것이 자연스럽다. 하지만 시간이 흐르면서 상황이 점차 분명해지고 정당화되지 않는 믿음이 힘을 잃으면서 비로소 사랑의 종말을 인식하고 슬픔에 빠지게 된다. 여기서 특별한 인지적 실수는 일어나지 않는다.

우리는 사랑이 식은 쪽에 보다 관심이 있다. 사랑이 끝났음을, 그리고 우정이나 부부 관계로 대체될 수 없음을 깨달은 쪽도 고통을 받는다. 상대를 여전히 배려하고 있다면 더욱 그렇다. 이 경우 자기 사랑을 유지할 수는 없다고 느끼면서 동시에 상대를 불행하게 만들었다는 죄책감에 시달린다. 양측 모두가 사랑을 끝내면서 그 종말에 슬픔을 느끼는 일도 일어난다. 결국 그토록 아름다운 일이 영원히 사라졌고 두 번 다시 되돌아오지 않으리라는 깨달음은 슬픈 것이니 말이다.

이 장에서 우리는 한 사람이 사랑을 중단하는 전형적 상황들을 살피고 거기서 일어나는 자기기만의 형태에 집중하고자 한다. 1장에서 보았듯 사랑은 단계적으로 오기 때문에 소멸하는 과정도 점진적이다. 사랑이 식어 가는 과정은 세 단계로 도식화할 수 있다. 이를 '이별의 세 단계'라 부르기로 하자. 첫 단계에서는 관계에 의문을 품기 시작하지만 여전히 대부분의 시간 동안에는 자기 사랑에 확신을 느낀다. 두 번째 단계로 가면 반대되는 두 경향을 함께 느끼면서 사랑하는지 여부를 알 수 없게 된다. 여전히 사랑하고 있다고 알려 주는 경향이 있는가 하면 반대 방향을 가리키는 경향도 있는 것이다. 마지막 세 번째 단계는 더 이상 상대를 사랑하지 않는다는 것을 아는 상태, 혹은 더 이상 사랑하지 않는다는 확신이 여전히 사랑한다는 믿음보다 더 강해진 상태이다. 각 단계의 지속 시간과 중요성은 사례마다 다양할 것이다. 하지만 단계 구분은 자기기만의 형태를 규명하는 데 유용하다. 각 단계에서 자기감정을 잘못 인식할 가능성이 있고 이는 이별의 과정을 불필요하게 연장한다.

매몰 비용 오류

콩코드는 영불 협약에 따라 아에로스파시알(Aérospatiale)과 브리티시 에어크래프트(British Aircraft) 두 기업이 공동 개발한 초음속 제트 여객기이다. 1969년 처녀비행 이후 1976년에 취항해 2003년까지 운항했다. 구조적 문제와 2000년에 발생한 사고 등 여러 이유 중에서도 결정적인 퇴역 이유는 비용 부담이었다. 콩코드보다 아음속 여객기가 수익성 측면에서 유리하다는 점이 특정 시점에서부터 분명해졌다. 애초에 프랑스와 영국이 프로젝트 투자를 결정할 시점에는 투입 비용이 한정되어 있었다. 하지만 개발 과정에서 고속과 과열 등 기술적 문제를 해결하느라 비용은 어쩔 수 없이 점점 늘어났다. 매번 양국 정부는 투자를 지속하기로 결정했는데 이유는 이미 많은 돈을 집어넣었기 때문이었다. 결국 처음 계획보다 훨씬 많은 액수를 써야 했다. 콩코드 여객기에 얼마가 들어갈지 처음부터 알았더라면 프랑스와 영국은 절대로 투자를 결정하지 않았을 것이다.

콩코드 사례는 경제적 측면에서 쉽게 설명되는 보편적 실수이다. 경제학자들은 매몰 비용, 즉 이미 투입되어 회수 불가능한 비용을 바탕으로 의사결정을 해서는 안 된다고 본다. 공연 입장권을 샀는데 알고 보니 보고 싶었던 공연이 아니었다고 하자. 그럼 공연을 보러 가야 할 것인가? 가장 이성적인 결정은 가지 않는 것이다. 입장권 가격을 지불하고 원치 않는 공연을 보느라 시간까지 쓰며 이중의 비용을 감수하는 것보다는 입장권 가격을 지불하고 다른 일에 시간을 쓰는 편이 낫다. 입장권 가격은 이미 지불해 버렸으니 고려하지 말아야 한다. 마치 공짜 공연인 양 여기면서 그저 그 공연을 보고 싶은지 아닌지 판단하면 된다. 하지만 사람들은 흔히 다르게 추론한다. 이미 돈을 썼으니 공연에 꼭 가야 한다고 여긴다. 콩코드 사례에서도 똑같은 일이 일어났다. 개발의 각 단계마다 투자 지속 결정을 내리도록 한 것은 이미 들어간 막대한 비용이었다.

감정 투자에 대해 고민할 때 연인들도 똑같은 방식으로 추론하는 경향이 있다. 이별의 첫 단계, 헤어질 가능성을 고려하게 될 때 '매몰 비용 오류'를 저지르기 쉽다. 헤어져야 한다는 점이 점차 분명해지는데도 지난 몇 달 혹은 몇 년 동안 많이 투자했으니 좀 더 노력해 관계를 유지하는 편이 다 잃어버리는 것보다 가치가 있다고 여긴다. 이 결정은 재앙을 낳을 수 있다. 관계가 서서히 변화해 처음이라면 절대 받아들이지 못했을 모습이 되어 버릴 수 있기 때문이다. 다시 말해 전혀 원치 않았던 공연을 아주 여러 번 보게 되는 것이다.

매몰 비용 오류는 합리화 가능한 한계 바깥으로 관계를 끌고 갈 수 있다. 감정적 투자를 보존하려는 의지가 관계에 영향을 미치는 문제 인식을 압도하기 때문이다. 이런 보수적 태도는 공생 혹은 기생의 극단적이고 병적인 형태로 이어지기도 한다. 그리하여 돈, 알코올, 약물 중독, 더 나아가 폭력까지 평소라면 절대 참지 않았을 문제까지도 참게끔 된다.

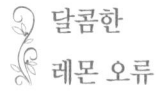
달콤한 레몬 오류

미래의 관계를 고민할 때 연인들이 저지르는 또 다른 실수는 최소 두 가지 점에서 매몰 비용 오류와 닮았다. 명백히 경제적 고려라는 점, 그리고 자신에게 피해를 입힐 수도 있는 보수적 태도라는 점이 그것이다. 이 실수는 가진 것을 과대평가하는 것이다.

경제학자들은 주인의식이 비이성적 행동을 낳을 수 있다고 지적해 왔다. 재화를 소유한 사람은 자연스럽게 그 가치를 과대평가한다. 아니면 최소한 그 재화의 희망 판매 가격을 실제 가치보다 높게 부르곤 한다. 예를 들어 집을 파는 주인은 집의 가치가 30만 유로는 충분히 된다고 여기지만 25만 유로 이상 지불할 구매자는 아무도 없는 식이다. 이는 다양한 심리적 요소에 좌우된다. 첫째, 주인은 역사적으로 그 집과 연결되어 있다. 그 집 부엌에서 보낸 즐거운 순간들, 아들이 첫걸음을 뗀 거실 등 과거의 의미 있는 사건이 곳곳에 새겨진 것이다. 둘째, 얻게 될 것보다 잃어버릴 것에 초점을 맞춘다. 25만 유로로 새로 사게 될 집을 상상하는 대신 책상에서 보이는 언덕 풍경이 그리워질 거라고만 생각한다. 셋째, 새로운 주인이 당신과 동일한 관점에서 집을 바라볼 것이라 믿는다. 새 주인은 창문의 우아한 디자인보다는 옷장을 놓기에 너무 좁은 침실에 집중할 수 있는데 말이다.[1]

이별의 1단계나 2단계에서 망설임이나 불확실성을 경험하는 순간, 연인들은 집주인처럼 추론하곤 한다. 상대와 헤어질 가능성을 검토할 때 '달콤한 레몬 오류'를 저질러 상대의 가치를 과대평가하는 것이다. 물론 사람의 가치를 말할 때의 '가치'는 집의 가치를 말할 때와는 의미가 다르다. 사람의 가치는 객관적 단일 기준으로 평가되지 않는다. 하지만 이 두 가치 사이에 흥미로운 유사점이 드러나곤 한다. 투자한 시간과 에너지에 따라, 즉 자기 삶에 얼마만큼의 부분을 차지하게 되었느냐에 따라 과대평가 정도가 결정된다는 것이다.[2]

소유한 집의 가치를 과대평가하는 것과 동일한 방식으로 연인의 가치를 과대평가하게 된다는 점은 분명하다. 첫째, 공유된 과거의 경험에 의미를 부여한다. 함께 집을 페인트 칠한 일, 여행을 떠난 일 등등. 둘째, 얻을 수 있는 것보다 잃을 수 있는 것에 초점을 맞춘다. 새로 만나게 될 사람의 특징을 상상하는 대신 헤어진 연인의 특징을 더 이상 접할 수 없다는 걸 아쉬워한다. 셋째, 연인의 긍정적 특징을 칭찬하고 부정적인 특징은 무시하는 자기 생각대로 남들도 자기 연인을 당연히 그렇게 평가

하리라 여긴다.[3]

달콤한 레몬 오류는 매몰 비용 오류와 마찬가지로 이성적인 수준보다 훨씬 더 길게 관계를 지속하도록 해 준다. 상대의 가치에 대한 믿음이 관계 유지를 어렵게 하는 여러 문제보다 크게 느껴지기 때문이다. 실상 두 오류는 공존하기 쉽다. 감정적 투자를 유지하려는 욕망과 상대의 가치에 대한 믿음은 함께 나타나는 것이다.

마지막으로 두 가지를 밝혀 두겠다.

첫째, 과거 경험에 의미를 부여하기 때문에 상대의 가치를 과대평가한다고 하는 설명에서 우리는 바로 그 경험 때문에 상대가 가치를 가질 수 있다는 점을 부정하지 않는다. 일부 철학자들이 이미 언급했듯 연인 사이의 역사적 연결은 상대를 평가하는 데 핵심적 역할을 한다. 하지만 역사적 측면이 가치를 어느 정도 좌우한다는 점을 인정한다고 하더라도 연인들이 거기에 과도한 비중을 둔다거나 상대의 가치와 무관한 역사적 측면에 영향 받을 가능성은 여전히 존재한다. 다시 말해 역사적 측면[4]의 중요성을 잘못 판단할 수 있다는 것이다. 상대의 다른 특징이 갖는 중요성을 잘못 판단할 수 있는 것처럼 말이다.

두 번째는 달콤한 레몬 오류의 보편성이다. 앞서 이 오류가 이별의 첫 번째나 두 번째 단계에서 나타난다고 하였다. 하지만 관계에 불확실성이나 망설임이 없을 때도 이 오류는 나타날 수 있다. 반드시 두 연인이 있어야 하는 것도 아니다. 사람들은 자기가 지니고 있는 것의 가치를 과대평가하므로 사랑이 없는 다른 인간관계에서도 달콤한 레몬 오류가 나타나게 된다. 예를 들어 남편을 사랑하지 않는 아내라도 남편의 가치를 과대평가할 수 있다.

관성과 불확실성

이별의 두 번째 단계는 상대에게 두 가지 상반되는 경향을 보이는 것이다. 한편으로는 여전히 사랑하고 있음을 드러내는 사실들을 인지하고 있다. 다른 한편으로는 더 이상 사랑하지 않음을 드러내는 다른 사실들도 인지하고 있다. 전자의 증거들과 후자의 증거들 중 어느 쪽도 충분히 강하지 않은 상태이므로 상대를 사랑하는지의 여부를 알 수 없다. 이별의 과정이 서서히 이루어지기 때문에 사랑이 종료되기까지의 흐름에서 이 두 번째는 필요한 단계가 된다.

산 정상에서 하산하기 시작했다고 상상해 보자. 숲을 지나

내리막길이 이어지다가 결국 평지에 닿을 것이다. 처음에는 아직 산 위라는 것이 분명하다. 마지막쯤 되면 평지라는 것도 분명할 것이다. 하지만 그 사이에서는 숲에 시야가 가리고 높낮이가 계속 변화하는 상황이므로 여전히 산 위에 있는 것인지 아닌지 판단할 수 없다.

이런 불확실한 시기를 통과할 때는 관성의 영향을 받기 쉽다. 여전히 사랑하고 있는지 아닌지 모르겠다는 점을 받아들이지 않고 계속 사랑한다고 생각하는 것이다. 그 순간까지 사랑해왔다는 점 때문에 말이다. 관성은 우리의 현실 인식을 지속적으로 형성하는 심리적 힘이다. 지금까지 특정 방향이었다면 분명한 부정적 증거가 없는 한 지금도 그렇다고 여기는 것이 자연스럽다. 그리하여 관성은 자기 상황을 잘못 해석하도록 이끈다. 상대에 대한 사랑이 여전하다고, 더 나아가 상대에 대한 사랑이 여전하다는 걸 분명히 안다고 믿는다. 여전히 사랑하는지 아닌지 알 수 없는 상황인데도 말이다.

무정(無情) 상태

이별의 세 번째 단계는 두 번째 단계의 특징이던 불확실성을 지나 이제 더 이상 상대를 사랑하지 않는다고 확신하는 때이다. 이 단계에서는 인식론적 관점에서 매우 흥미롭고, 심리적 관점에서 매우 극적인 상태를 경험하게 된다. 이를 무정 상태라 부르겠다.* 파블로 네루다는 무정 상태의 느낌에 대해 아주 분명하게 묘사하고 있다.

더 이상 그녀를 사랑하지 않아. 그건 분명해.
하지만 얼마나 사랑했던가.
내 목소리는 그녀의 귀에 가닿을 바람을 찾으려 했지.

다른 사람의 것, 그녀는 다른 사람의 것이 될 테지.
예전에 나와 입 맞추었듯.
그 목소리, 그 빛나는 몸, 끝없이 깊은 눈망울.

---

* 역주. 원문에서는 이를 스페인어 단어 'desamor'로 지칭한다.

더 이상 그녀를 사랑하지 않아, 그건 분명해.
하지만 어쩌면 지금도 사랑하는지도.
사랑은 이토록 짧고, 망각은 이토록 긴 것.

오늘 같은 밤에는 그녀가 내 품에 있었지.
내 영혼은 그녀 없음에 만족하지 못하네.
이것이 그녀가 내게 주는 마지막 고통일지라도,
이것이 내가 그녀에게 바치는 마지막 시가 될지라도.
— 파블로 네루다, 《스무 편의 사랑의 시와 한 편의 절망의 노래》

    무정 상태에서 사람은 위 시 구절에 표현된 감정을 경험한다. 어떤 순간에는 상대에 대한 사랑이 끝났다는 데 의혹을 가지며 그 사랑을 '느끼기도' 한다. 다른 순간에는 연인처럼 행동하려 든다. 예를 들어 잠을 이루지 못하고 상대에게 성적으로 끌리며 평소와 다른 행동을 보인다. 하지만 불안과 의혹에서 나오는 이들 간헐적 신호에도 불구하고 당사자는 상대에 대해 충분히 강한 사랑의 경향을 보이지 않으며 자신도 이를 알고 있다.

    무정 상태는 사랑의 종말을 겪는 한 가지 방법일 뿐이다. 모든 사랑의 종결에서 무정 상태가 나타나지는 않는다. 고통, 분노, 죄의식으로 끝날 뿐 무정 상태는 겪지 않는 사랑도 많다. 남들보다 무정 상태에 특히 잘 빠지는 인간 유형이 있을 수도 있고 한 사람이 평생 한번만 무정 상태를 드러내 보일 수도 있다. 따라서 사랑의 종료 단계에서 무정 상태는 가능하되 필수적인 것은 아니다.

무정 상태는 앞의 네 절에 기술된 상태와 매우 다르다는 점도 기억하고 넘어가자. 매몰 비용 오류나 달콤한 레몬 오류를 저지르는 사람은 사랑을 유지하고자 노력한다. 최종 결과가 노력을 보상해 주리라 기대하기 때문이다. 반면 무정 상태의 경우에는 잃어버린 사랑을 여전히 갈망하더라도 희망은 전혀 없다. 사랑을 위해 싸우지 않는다. 싸울 이유가 없음을 아는 것이다. 또한 불확실성의 시기를 통과하면서 반대되는 두 경향을 함께 느끼는 사람은 상대를 사랑하는지 아닌지 알지 못한다. 반면 무정 상태의 경우에는 사랑을 되돌릴 방법이 없다는 점을 알고 있다. 사랑이 종료되었다고 믿을 증거가 충분하기 때문이다.

이제 인식론적 관점에서 무정 상태를 기술해 보자. 시인 파블로와 그의 뮤즈를 두 등장인물로 두겠다. 파블로는 더 이상 뮤즈를 사랑하지 않지만 그 사실에 의혹을 갖게 되는 순간이 있다. 그런 순간 파블로는 자기 느낌을 정확히 알지 못하는 감정적 정지 상황에 놓인다. 이 정지 상황의 이유는 그 순간 뮤즈를

사랑하고 싶기 때문이다. 파블로와 뮤즈 간의 사랑이 그를 행복하게 해 주었다. 그 사랑이 여전히 존재한다면 그는 행복할 것인데 그는 명백히 행복을 욕망한다. 더 나아가 파블로와 뮤즈 사이의 사랑은 뮤즈를 행복하게 하였다. 아직 사랑이 존재한다면 뮤즈가 행복할 것인데 파블로는 뮤즈를 걱정하고 뮤즈가 행복하기를 욕망한다. 뮤즈를 사랑하고 싶은 마음 때문에 파블로는 이미 아는 것, 즉 더 이상 뮤즈를 사랑하지 않는다는 것에 의혹을 제기한다.

위의 설명으로 볼 때 파블로는 희망적 사고의 특별한 형태에 빠진 듯하다. 더 이상 뮤즈를 사랑하지 않음을 알고 있는데도 모른다고 믿는 순간이 찾아오고 그 순간에는 뮤즈를 사랑하고 싶어진다. 앞서 살펴본 희망적 사고와 달리 이 경우 욕망에서 생겨난 정당화되지 않는 믿음은 믿음을 지닌 바로 그 사람의 정신 상태에 대한 것이다. 다시 말해 파블로는 이미 아는 것, 즉 뮤즈를 더 이상 사랑하지 않는다는 것을 알고 싶지 않은 듯 행동한다. 그 사실이 반갑지 않다는 이유로 말이다.

희망적 사고가 늘 그렇듯 파블로의 정당화되지 않는 믿음, 자기가 더 이상 뮤즈를 사랑하지 않는 것을 모른다는 믿음에 긍정적 증거가 전혀 없지는 않다. 사실 파블로는 때로 연인처럼 행동하려 하고 이 경향은 자신이 더 이상 뮤즈를 사랑하지 않는

게 사실이 아니라고 생각하도록 한다. 1장에서 언급했듯 앎을 위해서는 참이 필요하다. 더 이상 뮤즈를 사랑하지 않는 것이 파블로에게 참이 아니라면 더 이상 뮤즈를 사랑하지 않는 것인지 알지 못하게 된다. 하지만 부정적인 증거, 즉 대부분의 순간에 연인처럼 행동하지 않는다는 점이 더욱 강력하게 존재한다. 따라서 더 이상 뮤즈를 사랑하지 않는 것인지 알지 못한다는 파블로의 믿음은 정당화되지 않는다. 그보다는 더 이상 뮤즈를 사랑하지 않음을 안다는 믿음이 정당화된다. 때때로 더 이상 뮤즈를 사랑하지 않는 것인지 알지 못한다고 믿게 되는 것은 그 순간 파블로가 그것을 욕망하기 때문이다.

이러한 실수는 사랑이 종료될 때 영향을 미칠 수 있는 자기기만의 한 가지 형태일 뿐이다. 무정 상태는 사랑이 끝나갈 때 나타날 수 있지만 필수적으로 나타나는 것은 아니기에 다른 모습의 자기기만도 가능하다. 예를 들어 여우의 추론 방식을 동원해 끝나 버린 사랑이 사실 그렇게 멋지지 않았다고 생각하며 상실감을 달랠 수 있다. 자기기만에 빠지지 않고 사랑을 종료하는 경우도 가능하다. 상대에 대한 사랑이 끝났고 그 관계가 똑같이 강렬하거나 보상적인 다른 관계로 대체될 수 없다는 점을 단순하게 받아들이는 것이다.

결론을 내리기 위해 우리는 어느 한쪽만이 아니라 사랑을 종료하는 양쪽 모두가 무정 상태를 나타내는 경우를 고려하겠다. 사랑이 끝났다는 것을 깨달은 양쪽 모두가 무정 상태를 경험하는 것이다. 이 경우 한쪽의 정당화되지 않는 믿음이 다른 쪽의 정당화되지 않는 믿음을 낳는 연쇄 작용이 일어나면서 자기기만이 한층 심해질 수 있다. 양측 중 누구도 자기가 사랑하지 않는다는 점을 인정하기 꺼려 하고 상대도 그것을 인정하기 어렵게 만든다. 대개 이런 상황에서 두 연인은 자신들에 대해, 자신들의 관계에 대해 오랜 대화를 하곤 한다. 공유된 과거를 떠올리며 위안을 구하는 것이다. 하지만 이는 결국 감정적 정지 상황을 길게 연장할 뿐이다. 희망적 사고의 복합적 효과가 낳은 혼란 때문에 대화는 아무 결론 없이 영원히 이어질 수 있다.

키코: 우리가 서로 얼마나 사랑했는지 기억해? 그런 사랑은 사라질 수 없는 거야.

알렉스: 물론 기억하지. 지금은 달라졌어. 우리 사랑은 영원히 끝나지 않을지도 몰라. 그렇게 아름다운 건 끝날 수 없는 법이지. 하지만 현실을 직시해야 해. 새로운 삶을 시작할 기회를 스스로에게 주어야 한다고. 과거 속에서 계속 살아갈 수는 없어.

키코: 그렇게 말하지 마! 정말 싫어! 난 다른 사람은 원하지 않

는다고!

알렉스: 그게 지금 네 생각이지. 나도 그래. 정말 그렇다면, 아니 정말 그럴 수 있지. 우리가 무슨 짓을 한 거지? 어쩌면 다시 노력을……

키코: 정말? 그래, 다시 노력해 봐! 사랑보다 더 강한 건 없어! 모든 건 우리한테 달려 있는 거야.

알렉스: 맞아. 다시 노력해서 최선을 다해 서로 사랑해 보자.

키코: 정말 멋져! 너도 그렇게 생각하지? 그 아름다운 순간들을 다시 살 수 있는 거야. 지난번 일을 떠올리면 슬퍼져…… 아니, 다 소용없어! 이젠 불가능해! 네 말이 옳아. 우리가 현실을 직시해야만 한다는 건 옳은 말이야.

알렉스: 포기하려는 거야? 널 사랑해. 내 마음으로 그걸 느낀다고. 내가 했던 말은 잊어버려. 혼란스러웠을 뿐이니까. 의혹이 들었나 봐. 하지만 지금은 아니야.

키코: 안타까워서 한 말이지. 내가 안타깝고 우리 둘이, 우리 사랑이 안타까워서. 넌 날 사랑하겠다고 하지만 그렇게 되지 않을 거라는 걸 난 알아. 우리는 강해져야 해. 우리 자신을 위해서 말이야.

알렉스: 나한테 다시 기회를 주고 싶지 않다는 거야? 포기하지 마! 지금 우리 마음이, 그게 전부인 거야.

키코: 더 이상 존재하지 않는 사랑은 우리한테 슬픔만 줄 거야. 모르겠어……

알렉스: 우리는 그저 혼란을 느끼는 걸 거야.

키코: 아니, 우리는 이미 시도했어. 이번에는 정말 끝내자. 늘 너를 사랑할 거야.

알렉스: 하지만 나는 너를……

키코: 아니, 우리는……

자주 묻는 질문과 대답

. . .

폭군처럼 강력하게 우리 위에 군림하는 것,
하지만 그 원천에 대해서는 우리가 스스로를 속이는 것,
그것이 열정이었다.

— 오스카 와일드, 《도리언 그레이의 초상 *The picture of Dorian Gray*》

이 마지막 장에서 우리는 독자의 마음속에 떠올랐을 법한 몇 가지 질문에 답하고자 한다. 각각의 질문은 이탈리아어와 스페인어 책 집필 과정에서 진행된 인터뷰나 발표에서 한번 이상 실제로 제기되었던 것, 혹은 이 책의 원고 검토 당시 나왔던 것이다. 답변에는 앞선 장들에서 이미 다루었던 내용이 포함되지만 명시적으로 다시 설명하는 편이 오해를 줄이는 데 도움이 될 것이다.

첫 번째 질문

사랑에 빠지지 말아야 한다고 권고하는 것인가?

그렇지 않다. 사랑은 삶의 일부분이다. 그걸 포기하라고 권고할 수는 없다. 사랑이 의지에 달려 있지 않다는 점을 고려하면 그런 권고는 의미도 없다. 사랑에 빠지는 것, 혹은 사랑에 빠지지 않는 것은 철학책 한 권을 읽고 결정할 수 있는 일이 아니다. 우리의 목적은 사랑에 빠진 사람들이 마땅히 고려하거나 고려하지 말아야 할 것을 배제한 채 추론하는 모습을 보여 주는 데 있다. 비유를 들어 보자. 행동 경제학은 개인이나 기관의 경제적 의사결정에 영향을 미치는 감정적, 문화적, 사회적 요소를 연구한다. 경험적 자료에 따르면 사람들이 의류, 자동차, 주택을 구입할 때 비이성적 선택을 하며 몇몇 경우에는 뿌리 깊고 일관된 추론 오류 유형을 규명할 수 있다고 한다. 행동 경제학자들이 그런 유형을 기술하는 것은 경제적 거래를 하지 말라는 의미가 아니다. 의류, 자동차, 주택 구입은 당연한 일이고 그 자체로 잘못된 것은 없다. 사랑의 여러 오류에 대한 우리 연구도 이 점에서 동일하다. 우리는 사람들이 사랑에 빠지는 것이 당연하고 그 자체로 잘못된 점이 없다고 본다.

두 번째 질문

**그럼에도 사랑에 대한 정당화되지 않는 믿음은
문제가 있다고 보는 게 아닌가?**

왜 문제인가? 결국 긍정적인 결과가 나온다면 말이다.

사랑에 대한 정당화되지 않는 믿음은 정당화되지 않았다는 점에서 문제라고 일단 답하고 싶다. 물론 사랑에 대한 정당화되지 않는 믿음은 많은 경우 긍정적인 결과를 낳는다. 연인들이 자신들을 속이지 않는다면 정말로 가치를 두는 많은 것들을 얻어낼 만한 결단력과 의지가 없었을 수도 있다. 알렉스가 학교에서 가장 잘생긴 사람이라는 정당화되지 않는 믿음 덕분에 키코가 몇 년 동안이나 알렉스를 쫓아다니고 관심을 끌려 애썼다고 해보자. 이 경우 결국 알렉스는 키코와 사랑에 빠질 수 있다. 그랬다면 키코의 정당화되지 않는 믿음은 결국 키코에게 좋게 작용한 것이다. 하지만 핵심은 긍정적인 효과가 나왔다고 해서 키코의 믿음이 정당화되지는 않는다는 점이다. 이는 사랑과 무관한 다른 믿음에서도 마찬가지다. 예를 들어 키코가 열심히 일하면 승진할 것이라 믿고 그 믿음 덕분에 열심히 일해 승진을 했다면 장기적으로 유익한 결과가 나타난 것이다. 하지만 그렇다고 해서 키코의 믿음이 정당화되지는 않는다. 우리 작업은 믿음의 결과가 아닌, 정당화의 규범적 차원에 초점을 맞추고 있다.

세 번째 질문

**사랑과 성관계 사이의 차이는 무엇인가?
사랑의 특성이라는 경향성들은 성적 열정,
사랑이라 분류되지 않는 그 상황에서도 나타나지 않는가.**

 까다로운 질문이다. 사랑과 성관계의 경계를 긋는 사람들 대부분이 '사랑'을 우리보다 더 넓고 느슨한 의미로 사용하기 때문이다. 우리는 '사랑'을 낭만적 사랑으로 한정지었고 부부간 사랑이나 성과 무관한 여타 애정 관계를 배제했다. 사랑과 성적 열정 사이에 공통점이 많다는 것은 사실이다. 근본적으로 동일한 종류의 경향이 관여된다. 하지만 성이 우선시되는 관계에서 몇몇 경향은 강도가 낮아진다. 예를 들어 성관계에서는 그 관계 이전이나 이후에 함께 시간을 보내고 싶어 하는 (저녁 식사, 침대에 누워 있기 등등) 강력하고 지속적인 욕망이 나타나지 않는다. 사랑의 특징으로 흔히 여겨지는 욕망이 부재한 것이다. 상대가 없을 때 비이성적으로 행동하는 경향, 특정 신체적 반응을 보이는 경향 등도 마찬가지다. 결국 우리가 생각하는 사랑과 성관계의 차이는 특징적 경향의 정도가 얼마나 되는가의 차이이다. 그 어떤 성적 열정에서든 아마 사랑의 특징이 약간은 나타날 것이다.

네 번째 질문

인식론적 관점에서 볼 때 이성애와 동성애는 다른가?

그렇게 생각할 만한 이유가 없다고 본다. 물론 차이의 가능성을 미리 배제할 수는 없고 있지도 않은 통계치에 대해 고민하는 것도 의미가 없다. 하지만 어떤 경우든 우리 목표에 크게 영향을 주지는 않는다. 1장에서 설명했듯 우리의 목표는 특징적인 인지적 실수를 규명하고 묘사하는 데 있고 누가 그 실수를 저지르는가보다는 실수 자체에 관심을 둔다.

다섯 번째 질문

폴리아모리는 어떤가? 나눠진 사랑을 다룰 때
두 사람 이상을 사랑하는 것은 일종의 자기기만이라 하였다.
이는 일부일처라는 낡은 편견을 은연중에 드러낸 것이 아닌가?

우리는 일부일처를 옹호하는, 혹은 폴리아모리를 반대하는 그 어떤 편견도 갖고 있지 않다. 사랑이 경향적 상태라는 기본 가정은 일부일처나 비(非)일부일처의 관계와 성향과 관련해 완전히 중립적이다. 한 사람에 대해 사랑의 경향을 보일 수 있듯 둘이나 그 이상에 대해서도 사랑의 경향을 보일 수 있다. 자기기만으로 가는 문을 열어젖히는 것은 관련된 인원수가 아니라 사랑의 경향이다. 따라서 폴리아모리에서 일부일처보다 자기기만이 더 크게 나타나는 것은 아니다. 자기기만 없이 한 사람을 사랑할 수 있듯 자기기만 없이 둘 이상의 사람을 사랑할 수도 있다. 나눠진 사랑의 오류는 주체가 최소 두 사람을 사랑하게 되는 특별한 자기기만의 경우이고 비(非)일부일처 관계가 이루어진다. 하지만 그렇다고 해서 비(非)일부일처 관계에 있는 사람이 늘 나눠진 사랑의 오류에 빠진다거나 다른 식으로 자신을 속인다는 의미는 아니다.

여섯 번째 질문

낭만적 사랑과 부부간 사랑을 실제로 구분할 수 있나?

구분할 수 있다. 부부간 사랑이 우정이나 다른 애정 관계로 환원되지 않는 특별한 경향적 상태라고 가정되긴 하지만 이는 낭만적 사랑과 분명히 차별화되는 모습을 보인다. 부부간 사랑의 핵심은 배려이다. 공유된 경험을 바탕으로 서서히 발전되는

(갑자기 불쑥 나타나는 것이 아닌) 우정과 동일하다. 또 다른 차이는 부부간 사랑이 상대와의 반복적 지속적인 성적 접촉 경향을 반드시 드러내지는 않는다는 점이다. 더 나아가 부부간 사랑은 미친 짓, 최소한 연인들이 보이는 종류의 미친 짓을 대개 포함하지 않는다. 이 면에서 낭만적 사랑보다는 덜 열정적이고 더 이성적이다. 예를 들어 월 수지를 겨우 맞출 정도로 넉넉지 않은 상황이라면 아름답지만 쓸모없는 선물을 사느라 월급 절반을 털지 않을 것이다.

하지만 다른 면에서 보면 부부간 사랑은 상대를 위해 자신의 이익을 희생하는 경향을 포함한다는 점에서 나름대로 열정적이다. 부부간 사랑은 상대의 생명을 구하기 위해 자기 생명을 걸 수 있게 한다. 쓸모없는 선물을 사느라 월급의 절반을 털지는 않는다 해도 말이다. 장기적 관계를 특징짓는 애착과 더불어 희생을 감수하는 이런 성향은 편의를 위한 결합 등 삶을 공유하는 형태와 부부간 사랑을 구별해 준다. 낭만적 사랑이 그렇듯 부부간 사랑은 커플에게 있을 수도, 없을 수도 있다. 또한 시간이 흐르면서 커질 수도, 줄어들 수도 있다.

일곱 번째 질문

낭만적 사랑은 사회적 산물이 아닌가?

낭만적 사랑이 사회적 산물이라는 주장에는 확실히 개연성이 있다. 역사학자와 철학자들 몇몇은 사랑과 연결되는 고정 관념이 시, 소설, 피아노 소나타 등 유럽 지성의 전통이 창조한 문화적 산물이라고 지적해 왔다. 하지만 사랑의 믿음에 대한 인식론적 분석이 이런 지적과 궤를 함께한다는 점을 이해하는 것이 중요하다.

사랑의 경향이 발현되는 모습은 문화마다 다르다. 예를 들어 성적 끌림은 고대 그리스, 중세 일본, 현대 스웨덴에서 각기 다르게 표현된다. 미친 짓을 저지르는 경향도 마찬가지다. 사랑의 유일한 상수 요소는 신체적 반응뿐인지도 모르겠다. 하지만 사랑의 경향이 발현되는 모습이 다르다고 해서 경향의 종류가 다르다고 볼 수는 없다. 특히 1장에서 밝혔듯 인지적 특성이 공통적으로 나타난다고 추측하는 것은 충분히 가능하다. 사랑의 경향이 존재한다는 점은 인지적 실수를 설명하기 위해 우리가 당연히 받아들이는 사실이다.

연인들이 갖게 되는 정당화되지 않는 믿음의 내용이 어느 정도는 문화적으로 결정되는 것이라 해도 그런 믿음을 갖는 경향 자체는 문화적으로 결정되지 않는다는 것이 우리의 믿음이다. 이 차이를 보여 주는 사례가 4장의 공주 유형이다. 신데렐라를 비롯한 동화를 읽고 자라난 탓에 왕자와 결혼하기를 욕망한다면, 그리고 그 욕망으로 왕자가 존재한다고 믿는다면 정당화되지 않는 이 믿음의 내용은 문화적으로 결정된 것이다. 다른 환경에서 자랐다면 다른 욕망과 믿음을 가졌으리라. 하지만 욕망하는 것을 믿는 경향, 정당화되지 믿음을 낳는 심리적 메커니즘 자체는 문화적 산물이 아니다. 다른 환경에서 자라 다른 이상을 지향한다 해도 욕망과 믿음 사이의 관계는 정확히 동일할 수 있다.

여덟 번째 질문

이 책은 사랑의 신화를 파괴하려는 것인가?

사랑의 오류들에 대해 생각하기 시작했을 때 그런 목적은 물론 없었다. 하지만 일부 독자들이 지적하듯 사랑이라는 믿음에 대한 인식론적 분석은 어쩔 수 없이 해체적인 힘을 지닌다. 연인들이 오해에 빠지기 쉽다는 점을 깨달은 사람은 자연스럽게 그 오해에서 멀어지려 하고 신화를 비판할 것이다. 공주 유형이

이 점에서 다시 흥미로운 사례가 될 수 있다. 왕자는 그저 신화일 뿐 없는 존재이다.

이 책에서 다룬 특정 인지적 실수들과 별개로 우리 작업은 사랑이 언제나 좋은 것이라는 사랑에 대한 이상화된 개념에 의문을 제기한다. 1번 질문의 답변에서 사랑에 빠지는 것은 그 자체로 잘못된 점이 없다고 하였다. 이제 그 자체로 올바른 점도 없다는 말을 덧붙일 수 있겠다. 사랑은 사랑 그 자체일 뿐, 좋고 나쁨은 이를 경험하는 사람에 달려 있다. 심리적으로 언제나 '긍정적인' 사랑 개념에는 아무 근거가 없다.

아홉 번째 질문
인지적 실수는 사랑에만 존재하는 것인가?

그렇지 않다. 명료한 사고 능력이 감정에 영향을 받는 상황이라면 동일한 실수가 일어난다. 실상 이 책에서 설명한 오류 중 일부는 아주 일반적인 심리적 메커니즘이다. 3장에서 다룬 희망적 사고가 그중 하나이다. 이는 다양한 맥락에서 나터닐 수 있다. 자녀의 긍정석 자질에 과도한 비중을 둔 나머지 결점을 보지 못하는 부모들의 경우도 그렇다. 이 때 부모는 연인들과 똑같이 행동하는 셈이다. 우정, 이데올로기, 종교 등을 이유로 맺어진 인간관계에서도 동일한 인식 오류가 쉽게 나타난다. 매몰 비용 오류와 달콤한 레몬 오류 또한 널리 나타난다. 5장에서 설명했듯 이들 오류는 경제적 고려에 따른 것이고 따라서 사랑에 국한되지 않는다. 우리는 여러 오류가 사랑에만 국한되지 않는다는 점이 실상 우리 연구의 가장 흥미로운 측면이라 생각한다. 사랑의 여러 오류에 대한 연구가 고도의 감정적 상황에서 비이성적 믿음을 낳는 심리적 경향을 파헤치는 데 도움이 되고 결국 보다 일반화된 설명이 가능해지리라 믿는다.

열 번째 질문
이 책을 읽은 후에는 실수를 덜 저지르게 될까?

그렇지 않다. 1장에 설명했듯 인지적 실수를 아는 것이 실수를 예방하지는 않는다. 예를 들어 인지적 착각은 그것을 안다고 해서 사라지지 않는다. 한 화살표가 다른 것보다 길다고 믿게 되는 뮐러-라이어 착시(Müller-Lyer illusion)는 두 화살표가 똑같은 길이임을 안다 해도, 그 착시를 만드는 인지 메커니즘을 배웠다 해도 사라지지 않는다. 착시에 대해 모든 것을 다 아는 과학자 역시 착시 현상을 겪는다. 사랑의 여러 오류도 마찬가지다. 사랑의 오류들을 안다고 해서 그 오류를 저지르지 않는 것은 아니다.

그렇다고 이 책이 아무 쓸모없다는 말은 아니다. 사랑의 오류들에 대한 지식은 그 부정적 영향력을 제한시키는 데 도움을 준다. 과거 고통에 대한 기억, 좋은 친구의 도움, 심리 치료 등 다른 요소와 결합되면 더욱 그렇다. 예를 들어 4장을 읽는다 해서 감정 테러리즘에 면역이 생길 수는 없다. 책 몇 쪽을 읽는 것의 문제 해결 효과는 감정 테러리즘의 실제 경험이 주는 효과와는 비교할 수 없다. 하지만 감정 테러리즘으로 고통을 당해 봤고 그 덫에 다시 빠지고 싶지 않은 사람이 4장을 읽는다면 어느 정도 도움이 될 것이다. 결국 인지적 실수를 아는 것이 모르는 것보다는 낫다.

주석

제1장

1. 사랑에 대한 최근의 신경 생리학 연구로는 피셔(2004)와 영과 알렉산더(2014)의 연구가 있다.
2. 다른 열정들이 그렇듯 사랑 역시 인식론적 가치를 지닐 수 있고, 미덕 인지 과정과 연결될 수 있다. 그 가능성을 배제하고자 하는 것은 아니다. 브래디(2013)을 포함한 몇몇 철학자들은 감정이 중요한 인식론적 역할을 담당한다고 주장하였다. 열정이 인지 과정을 늘 방해하는 것은 아닌 것이다.
3. 나알(2018)은 사랑이 경향적 상태라는 가설이 일반적 이유들을 바탕으로 정당화된다고 하였다.
4. 적어도 전통적인 관점에서는 그렇다. 특정 상황에서는 화학적, 생리적 기법에 의해 사랑의 경향이 조작될 수 있다는 경험적 연구가 존재하고 우리는 그 가능성을 배제하지 않는다.
5. 철학자들의 정의 첫 번째는 테일러(1976), 뉴턴-스미스(1989), 소블(1990), 라폴레트(1996), 화이트(2001)의 것이고 아리스토텔레스까지 거슬러 올라가는 정의 두 번째는 솔로몬(1981), 스크루턴(1986), 노직(1989), 피셔(1990), 델라니(1996)가 주장한 바 있다. 세 번째는 벨먼(1999)와 콜로드니(2003)가 서로 다른 방식으로 발전시킨 정의이다.
6. 사랑 자체의 정당화에 대해서는 골디(2010), 스머츠(2014), 나알(2018), 브로가

드(2015), 브로가드(2018)의 연구가 있다.
7. 나알(2013. p.355)이 짚었듯 사랑이 경향적 상태라는 가설의 장점 중 하나는 사랑의 인식론적 불투명성을 정확히 설명한다는 데 있다.
8. 오류(fallacy)라는 개념의 전통적인 의미는 좋게 보이지만 나쁜 논증이다. 여기서 더 나아가 이런 논증의 결과물, 즉 정당화되는 듯 보이지만 정당화되지 않는 믿음을 뜻할 수도 있다. 여기서는 후자의 뜻으로 오류 개념을 사용한다.
9. 고정 관념이 성별 변수에 크게 편중되었다면 더욱 그렇다. 페레스 세데뇨(2018)가 말하듯 이는 성별 불평등을 반박하는 작업이 될 수 있다.
10. 이러한 추측은 사랑을 바라보는 다양한 관점과도 일맥상통한다. 특히 피셔(2004)가 말한 자연주의적 관점, 사랑의 생물학적 기본 요소를 인정하는 젠킨스(2017)의 비(非)자연주의적 관점이 그렇다.

제2장

1. 이 개념은 존스(1908)가 처음 사용했고 이후 지그문트 프로이드가 도입하였다.
2. 파이드로스가 정리한 우화의 여러 판본 중 하나이다.
3. 싱어(2009)는 사랑의 핵심이 상대에게 가치를 부여하는 데 있다고 주장하였다. 너니까 오류와 미덕 오류에 대한 우리 논의는 그 주장과 궤를 함께한다.
4. 여우가 포도에 대한 욕망을 단순하게 포기했거나 포도를 먹지 않는 것이 긍정적인 욕망이라고 보게 되었다면 여기서 실수는 없다. 이는 엘스터(1983)가 말한 '적응적 선호', 즉 가능한 것에 적응하는 상황일 것이다.

제3장

1. 졸리모어(2011)는 연인의 특징에 대한 찬사가 다른 사람의 똑같은 특징에 대한 찬사를 어떻게 억누르는지 설명한다. 우리와 달리 이 현상에 긍정적 규범적 의미를 부여하고 있기는 하지만 말이다. 졸리모어에 따르면 사랑하는 사람은 상대의 가치 있는 특성에 주목하고 이를 통해 상대를 특별하게 대우할 이유를 획득한다고 한다.
2. 이 상투적 사고를 더 구체화시켜 보면 반지의 가격이 연인 총수입 대비 일정

비율을 넘어야 한다는 식의 조건도 붙는다.

제4장

1. 카트론(2017, pp.93-117)은 인기 있는 로맨틱 영화에 신데렐라 신화가 어떻게 깔려 있는지 명료하게 분석해 준다.

제5장

1. 애리얼리(2008, pp.127-138)는 이 현상에 대한 심리학적 설명을 제안하고 있다.
2. '달콤한 레몬'이라는 명칭은 엘스터(1983)에게서 나온 것이다.
3. 집을 소유한 것과 사람과 관계 맺는 것을 비교하는 것이 마음에 들지 않는다면 (인간관계는 자산 소유와 전혀 다르다고 본다면) 여기서 중요한 점은 집이 아니라 무언가에 익숙해지는 것임을 기억해 달라. 예를 들어 사람들은 자기 동네도 똑같이 과대평가한다. 소유물이 아닌 데도 말이다.
4. 연인들 사이의 역사적 측면에 대해서는 위팅(1991), 델라니(1996), 콜로드니(2003), 그라우(2010)가 다루었다.